2020年度大连外国语大学学科建设专项经费资助项目

企业财务报告分析

柳志南 ◎ 主编

中国财经出版传媒集团

经济科学出版社
Economic Science Press

图书在版编目（CIP）数据

企业财务报告分析/柳志南主编．—北京：经济科学
出版社，2021.2
　ISBN 978 - 7 - 5218 - 2375 - 2

　Ⅰ．①企…　Ⅱ．①柳…　Ⅲ．①企业管理 - 会计报表 -
会计分析　Ⅳ．①F275.2

　中国版本图书馆 CIP 数据核字（2021）第 027861 号

责任编辑：周国强
责任校对：孙　晨
责任印制：王世伟

企业财务报告分析

柳志南　主编

经济科学出版社出版、发行　新华书店经销
社址：北京市海淀区阜成路甲 28 号　邮编：100142
总编部电话：010 - 88191217　发行部电话：010 - 88191522
网址：www. esp. com. cn
电子邮箱：esp@ esp. com. cn
天猫网店：经济科学出版社旗舰店
网址：http：//jjkxcbs. tmall. com
北京季蜂印刷有限公司印装
787 × 1092　16 开　10.75 印张　220000 字
2021 年 2 月第 1 版　2021 年 2 月第 1 次印刷
ISBN 978 - 7 - 5218 - 2375 - 2　定价：48.00 元

在市场经济愈发完善、技术日趋先进的背景下，读懂企业财务报告是商科学生必备的核心技能之一。本书致力于阐述如何分析企业财务报告。本书在结合现有与财务分析、财务报表分析以及财务报告分析的相关文献与书籍的基础上，吸纳相关著作的特点，形成独具特色的财务报告分析范式。

在实践中，不同财务报告分析主体会存在不同的财务报告分析动因。然而，他们在对企业财务报告分析中，却往往应用相同的财务报告分析方法。但囿于财务报告分析方法的多元性与复杂性，以及财务比率固有的一些局限性，不同的财务报告分析主体往往并不能清晰看懂财务报告以及选择恰当的财务比率分析企业财务报告。鉴于此，本书的主要内容安排如下：

第一，全面而不失重点地阐述财务报告分析的相关内容。具体而言，本书将内容分为"基础篇"与"提升篇"两部分内容。在"基础篇"的内容中，本书侧重对于财务报告分析基础内容的介绍，具体包括财务报告分析的内涵、资产负债表分析、利润表分析与现金流量表分析等内容，重点在于阐述如何读懂财务报告与基本财务报告分析的基本方法。在"提升篇"的内容中，本书聚焦于对财务报告分析基础内容的提升，重点讲述如何借助财务报告分析，窥探企业的战略、经营资产管理与竞争力、财务状况以及风险等内容。

第二，本书形成了较为独特的企业财务报告分析体系。一是，本书在"基础篇"内容部分重点强调对企业财务报告分析基础知识的介绍与应用。本篇以实践中不同财务报告分析主体的需求为切入点，阐述企业财务报告分析的动因，并在介绍相关财务报告分析方法，尤其是在相关财务比率的基础上，剖析相关财务比率的局限性。二是，本书在"提升篇"内容部分针对实务中财务报告分析在考察企业战略、经营资产管理与竞争力、财务状况以及风险等方面的应用，对财务报告分析的应用具有重要的提升作用。

第三，本书将抽象的财务报告分析方法运用到具体的案例分析之中。借助具体的案例分析，本书将多元化的财务比率应用在具体的财务报告分析过程中。为此，本书不仅能够使读者能够清晰认清财务报告所承载的相关信息，而且能够为不同的财务报告分析主体借助财务报告分析，获取自身所需的财务信息。

本书适宜作为高等院校会计学、财务管理、工商管理以及金融专业的学生、相关理论研究人员以及实务工作人员的学习与参考书。

同时，由于本书作者水平有限，书中难免存在不足之处，恳请广大读者批评指正。

柳志南
于大连外国语大学
2020 年 9 月 7 日

目 录

基 础 篇

提　升　篇

基础篇

第一章　●　●　●

财务报告分析的内涵

第一节　财务报告分析的概述

一、财务报告分析的动因

财务报告分析的动因与分析主体之间存在着密切的联系。不同的财务分析主体对企业经营活动、投资活动与融资活动进行分析时，获取必要的财务依据和信息价值是实施财务报告分析的重要诱因。鉴于此，不同的财务报告分析主体存在着不同的分析动因。

（一）股权投资者

企业股权投资者通常包括国有资产监管部门、金融机构、企业法人投资者、自然人以及外商投资者等。股权投资者进行财务报告分析的根本动因在于判断资本是否得以保全以及增值。具体而言，股权投资者进行财务报告分析的目标可分解为识别企业的日常营运状况、评估企业在资本市场上的投资价值、评价经营者受托责任的履行情况、选择与聘任管理者、检查与评价合约的实行效果、防范经营者或其他相关人员可能存在的舞弊和欺诈行为等。

（二）企业管理层

企业管理层需要对董事会及股东大会负责，必须了解资产的使用效率和产出效果，检查财务计划的落实情况，明确资金流入、流出结构及预测现金流量分布，剖析资金的流动性、收益性和资本结构的合理性，识别潜在风险，从而能够进行有效控制和科学规划。为此，通过财务报告分析，企业管理层能够随时掌握经营管理动态，监控经营管理与内部控制的薄弱环节，科学地配置企业的各项资源，形成竞争优势，实施收购、规模扩张等。例如，企业内部控制应包括对财务报告的控制，通过财务报告的编制与分析，管理层能够有效对企业实施内部控制，促进企业实现发展战略，维护企业的资产安全，保证企业在遵循国家有关规范的基础上提升内部控制的水平，从内部环境、风险评估、控制活动、信息与沟通、内部监督等方面提高企业财务报告的质量。

（三）债权人

企业债权人包括向企业销售商品或提供劳务的单位、购买企业债券的债券持有人，以及向企业提供融资业务的金融机构等。债权人将资金或资源提供给企业后，始终关注其债权是否面临着威胁，能否按时与足额收回其债权，企业能否按期支付债务本金及债务利息，即体现为对企业资产及其变现能力与偿还能力的要求。为此，企业债权人进行财务报告分析的动因在于能够及时有效地掌握企业的偿债能力与资金的流动性。由于企业偿债能力会受到企业盈利能力的影响，从而债权人通过财务报告分析，以判断企业的盈利能力。债权人关注长期的资产变现与债务偿还能力，用以判断是否需要追加抵押或担保的要求，是否需要调整现有信用政策，规划债权资金的流向与流量，以及相关资产在时间与空间上的合理分布等。

（四）政府监管部门

政府监管部门包括财政、税务、市场监管、国有资产管理和司法部门等。政府监管部门从宏观上需制定有关方针政策，例如，实施税收征管及信贷监督、维持市场秩序、防止欺诈及不正当竞争行为；从微观上防止企业提供虚假财务信息与利润造假，例如，积极引导企业规范的财务行为、为国家财政经济数据的收集与分析提供微观基础。鉴于此，政府监管部门借助企业财务报告分析，能够有助于上述经济监督、税务监督与司法监督等。

（五）市场中介服务机构

市场中介服务机构主要是为市场上提供中介服务的机构。例如，在会计师事务所中，注册会计师进行财务报告分析是审计程序的重要组成部分。具体而言，注册会计师通过财务报告分析来识别被审计单位在经济活动中的违规行为或会计差错，揭示其违规行为或会计差错的事由，有助于发表审计意见的类型选择，提高审计服务质量，并能将审计风险与审计收费进行权衡，以及提供审计服务年限等事项。与企业相关的重要中介机构主要包括：律师事务所、资产评估事务所及各类投资咨询公司、税务咨询公司、资信评估公司等。这些机构为企业发行股票和债券，进行股份制改制、企业合并、清算等各项经济业务，提供独立客观与公正的服务。其中，企业价值评估、上市事宜、资本运作等都需要证券分析师、注册会计师、律师等提供中介服务，而财务报告分析也是不可或缺的重要一环。

二、财务报告分析的内容

（一）依据资金运动的分类

1. 筹资活动分析

筹资活动是指企业通过不同渠道，采取各种方式，按照一定程序，筹措企业设立、生产经营所需资金的财务活动。企业可以接受投资者以货币资金、实物、无形资产、股权、特定债权等形式的出资。其中，特定债权是指企业依法发行的可转换债券、符合有关规定转作股权的债券等特殊债权。筹资活动分析的核心内容是成本与风险分析，具体细化为筹资动因、筹资渠道与筹资策略、筹资规模与筹资成本、筹资过程及筹资效果等方面进行的分析。

2. 经营活动分析

经营活动分析又体现为资产营运活动分析。资产营运活动是指企业为了实现企业价值最大化而进行的资产配置和经营运作的活动。为此，经营活动分析主要围绕资产结构分析，对资金调度、销售合同的财务审核及应收账款项、存货采购、固定资产、对外投资、无形资产、对外担保与捐赠、高风险业务、代理业务、资产损失或减值准备、资产处置以及关联交易等方面进行分析。又如，资产结构分析是一种重要的经营活动分析，主要包括判断资产结构的类型，即保守型资产结构、风险型资产结构、中庸型资产结构及其相应的成本与风险分析等内容。例如，在经营活动中，一项资产会随着企业的生产经营活动构成企业的各项经营成本，而成本费用又直接影响着企业的经营绩效。为此，通过财务报告分析，特别是内部报告分析，明确企业采用不同资产结构以及成本费用的动因、成本费用与利润的数量关系，明晰企业的资金投向、资产与资本运营效果，从而能够量化影响企业偏离生产计划的各项因素。

３. 投资活动分析

从广义上讲，投资活动不仅包括对外投资，还包括对内投资。广义的投资是指企业将筹集到的资金按照财务预算的配置，将资金投放到各个具体项目上，包括对外投资和生产经营使用资金。狭义的投资特指对外投资，具体包括投资项目的选择、投资可行性的调查研究、投资规模和投资方式的确定、投资过程的实施和管理、投资收益的取得、投资的收回和处置等过程。综上，广义的投资问题属于资金的计划管理问题，反映企业的计划管理能力；而狭义的投资问题属于对外投资的管理问题，反映企业的对外投资管理能力。本书的投资活动分析主要针对其狭义的投资活动而言，即分析企业对外投资的合理性及其投资效果。

（二）按照分析主体的分类

１. 外部财务报告分析

外部财务报告分析是指外部分析主体（企业外部各利益主体）根据各自的需求情况对企业财务报告进行分析。这里涉及的财务报告主要是资产负债表、利润表、现金流量表和股东权益增减变动表等。外部财务报告分析主要用于公开的信息，其数据易于获取，但无法取得原始资料，是对生成信息的再分析，往往具有一定的局限性。鉴于此，分析主体借助纵向与横向的角度比较分析与趋势分析等分析方法，获取与自身决策相关的决策信息。这些报告基于公开审计的信息验证，往往具有一定的可靠性。

２. 内部财务报告分析

内部财务报告分析是指内部分析主体（如企业各级管理层）根据各自的需求情况对企业财务报告进行的财务分析。这里涉及的财务报告主要是成本报表、内部控制报告、内部经营快报等。内部财务报告分析主要是出于企业经营管理者计划、决策、执行、反馈、控制等方面的需要而进行的分析。内部财务报告分析所涉及的范围较之外部财务报告分析更为广泛，除包含外部财务报告分析的内容之外，还需要结合企业特定环境下的特定信息分析，解决企业特定的问题。内部财务报告分析更为深刻，往往与企业的愿景、目标、战略相联系，这是外部财务报告分析难以达到的。

（三）按照分析范式的分类

1. 综合性财务报告分析

综合性财务报告分析也称为全面财务报告分析，是对企业一定期间资金运营及相应财务活动的各方面进行的全方位、全过程的系统分析。这种分析通常体现在以企业年度财务报告为分析起点，通过年度财务报告所披露的综合信息，再进一步细化到企业生产经营、投资活动的各个方面，其中涉及计划、执行、监督、反馈等各项环节，包括分析差异的原因，从成本、收入、利润、筹资及其相关影响因素来综合分析，挖掘潜力，找出问题的症结，以便提出改进措施。

2. 专题性财务报告分析

专题性财务报告分析也称为局部财务报告分析或专项财务报告分析，是针对企业资金运动过程中某一特定内容或特定环节、特定规范等进行的分析。例如，成本构成分析、财务预算分析、债务重组分析、并购分析等。专题性财务报告分析注重局部问题，往往考虑到短期分析因素，但在揭示问题的深度上具有一定优势。财务报告分析是一项专有技术，需要运用一定的方法，进行相应的分析。同时，财务报告分析也是一项综合性技术的运用，需要借助财务会计、管理会计、财务管理、数学模型统计分析等相关知识基础。因而，在掌握财务报告分析方法与技巧之前，必须构建一套财务报告分析的基本理念体系，如货币时间价值理念、机会成本理念、风险价值理念、成本效益理念等。

三、财务报告分析的基本理念

（一）货币时间价值理念

货币时间价值的应用贯穿于企业财务管理的方方面面。从经济学的角度而言，现在的一个单位货币与未来的一个单位货币的购买力之所以不同，是因为要节省现在的一个单位货币不消费而改在未来消费，则在未来消费时必须有大于一个单位的货币可供消费，作为弥补延迟消费的补贴。因此，大部分学者认为目前拥有的货币比未来收到的同样金额的货币具有更大的价值。因为目前拥有的货币可以进行投资，在目前到未来这段时间里获得复利。即使没有通货膨胀的影响，只要存在投资机会，货币的现值就一定大于它的未来价值。综上所述，货币时间价值是一种客观存在的事实，根据可靠性会计信息质量的要求，以货币计量企业资金运动全过程的会计实务充分考虑货币时间价值成为必然。

通常情况下，货币时间价值相当于没有风险和通货膨胀情况下社会平均的利润率。例如，在实务中，通常以国债一年的利率作为参照。在筹资管理中，货币时间价值让人们意识到资金的获取是需要付出代价的，这个代价就是资金成本。资金成本直接关系企业的经济效益，是筹资决策需要考虑的一个首要问题。为此，在项目投资决策中，项目投资的长期性决定了必须考虑货币时间价值。在分析货币的时间价值时，我们主要运用净现值法、内含报酬率法等分析方法，来考虑货币时间价值的投资决策，即货币时间价值成为财务报告分析中的重要价值理念。

（二）机会成本理念

机会成本有两种界定方式：一种是资源（如资金成本等）用于本项目而放弃用于其他机会时，可能损失的利益；另一种是某项资源未能得到充分利用而放弃的获利机会所带来的成本。可见，第一种定义强调机会成本并非实际发生的成本费用支出，而是因资源使用时的取舍而放弃的潜在收益。第二种定义强调机会成本是一种效率损失。

在财务报告分析中，机会成本是指若某一资源可以用于多种用途。鉴于资源的稀缺性，当企业选择了某一用途而必须放弃其他用途时，由此失去获得其他用途所可能取得的最佳收益的机会，该可能取得的最佳收益就是所选择方案的机会成本，即所选择方案所付出的潜在代价。尽管机会成本不是实际发生的成本费用（显性成本），但对财务报告分析与所作决策而言，却是一个极其重要的价值理念。在资源有限的市场经济条件下，要实现"现金流量最大化""企业价值最大化"或"股东财富最大化"的总目标，最大限度地发挥经济资源的效用有赖于对机会成本理念的把握。财务报告揭示的利润往往只是扣除了显性成本，还需要注重表内未能反映的隐性成本。机会成本理念有助于企业将财务报告利润与潜在的经济盈亏相结合，有助于企业作出正确的决策，从而最大限度地利用经济资源。鉴于此，机会成本不仅是财务报告分析中的重要理念，而且财务报告分析主要针对的是第一种机会成本理念。

（三）风险价值理念

风险是指事物本身的不确定性。财务报告分析需要结合风险价值观念，也就是企业的经营活动、投资活动、筹资活动本身存在不确定性，客观上会受到各种难以预料或难以控制因素的影响，导致企业执行结果的可变性，或使其决策（预算）与结果出现背离现象。风险价值是指在一定的持有期和给定的置信水平下，利率与汇率等市场风险要发生变化时可能对某项资金头寸、资产组合或机构造成的潜在最大损失。例如，在持有期为 1 天置信水平为 99% 的情况下，若所计算的风险价值为 1 万美元，则表明该银行的资产组合在 1 天中的损失有 99% 的可能性不会超过 1 万美元，风险价值通常是由银行的市场风险和内部风险价值管理模型来估算。目前常用的风险价值模型技术主要有三种方法，包括协方差法、历史模拟法和蒙特卡洛法。当前，风险价值已成为计量市场风险的主要指标，也是银行采用内部模型计算市场风险资本要求的主要依据。与缺口分析、久期分析等传统的市场风险计量方法相比，市场风险内部模型的主要优点是可以将不同业务、不同类别的市场风险用一个确切的数值表示出来，是一种能在不同业务和风险类别之间进行比较和汇总的市场风险计量方法，而且将隐性风险显性化之后，有利于进行风险的监测、管理和控制。同时，由于风险价值具有高度的概括性，简明易懂，也适宜董事会和高级管理层了解本行业市场风险的总体水平。

（四）成本效益理念

成本效益理念是指在会计信息供给与需求不平衡的状况下会计信息供给花费的成本和由此而产生的需求之间要保持适当的比例，保证会计信息供给所花费的代价不能超过由此而获得的效益，否则应降低会计信息供给的成本。传统的成本管理是以企业是否节约为依据，片面地从降低成本乃至力求避免某些费用的发生入手，强调节约和节省。传统成本管理的目的可简单地归纳为减少支出、降低成本，即狭义的成本观。在市场经济环境下，经济效益始终是企业管理追求的首要目标，企业成本管理工作中也应该树立成本效益观念，实现由传统的"节约与节省"观念向现代效益观念转变。企业管理应以市场需求为导向，通过向市场提供质量尽可能高、功能尽可能完善的产品和服务，力求使企业获取尽可能多的利润。与企业管理的这一基本要求相适应，企业成本管理也就应与企业的整体经济效益直接联系起来，以一种新的认识观——成本效益观念来看待成本及其控制问题。

企业的一切成本管理活动应以成本效益观念作为支配思想，从"投入"与"产出"的对比分析来看待"投入"（成本）的必要性、合理性，即努力以尽可能少的成本付出，创造尽可能多的使用价值，为企业获取更多的经济效益。值得注意的是，"尽可能少的成本付出"与"减少支出与降低成本"在概念上是有区别的。"尽可能少的成本付出"就是节省或减少成本支出。它是运用成本效益观念来指导新产品的设计及老产品的改进工作。例如，在对市场需求进行调查分析的基础上，认识到如在产品的原有功能基础上新增某一功能，会使产品的市场占有率大幅度提高。那么，尽管为实现产品的新增功能会相应地增加一部分成本，只要这部分成本的增加能提高企业产品在市场的竞争力，最终为企业带来更大的经济效益，这种成本增加就是符合成本效益理念的。

（五）计量属性理念

会计计量是为了将符合确认条件的会计要素登记入账，并列报于财务报表而确定其金额的过程。企业应当按照规定的会计计量属性进行计量，并确定相关金额。从会计角度看，计量属性反映的是会计要素金额的确定基础，主要包括历史成本、重置成本、可变现净值、现值和公允价值等计量属性。不同的计量属性，会使相同的会计要素表现为不同的货币数量。在财务会计中，计量属性是指资产与负债等可用财务形式定量方面，即能用货币单位计量的方面，经济交易或事项因可从多个方面予以货币定量而有不同的计量属性。

1. 历史成本

历史成本是指取得或制造某项财产物资时所实际支付的现金或其他等价物。在历史成本计量下，资产按照其购置时支付的现金或者现金等价物的金额，或者按照购置资产时所付出对价的公允价值计量。负债按照其因承担现时义务而实际收到的款项或者资产的金额，或者承担现时义务的合同金额，或者按照日常活动中为偿还负债预期需要支付的现金或者现金等价物的金额计量。

2. 重置成本

重置成本是指按照当前市场条件，重新取得同样一项资产所需支付的现金或现金等价物的金额。在重置成本计量下，资产按照现在购买相同或者相似资产所需支付的现金或者现金等价物的金额计量。负债按照现在偿付该项债务所需支付的现金或者现金等价物的金额计量。在实务中，重置成本多应用于盘盈固定资产的计量等。

3. 可变现净值

可变现净值是指在正常生产经营过程中，以预计售价减去进一步加工成本和预计销售费用及相关税费后的净值。在可变现净值计量下，资产按照其正常对外销售所能收到现金或者现金等价物的金额扣减该资产至完工时估计将要发生的成本、估计的销售费用及相关税费后的金额计量。可变现净值通常应用于存货资产减值情况下的后续计量。

4. 现值

现值是指对未来现金流量以恰当的折现率进行折现后的价值，是考虑货币时间价值的一种计量属性。在现值计量下，资产按照预计从其持续使用和最终处置中所产生的未来净现金流入量的折现金额计量，负债按照预计期限内需要偿还的未来净现金流出量的折现金额计量。现值通常用于非流动资产可收回金额和以摊余成本计量的金融工具价值的确定等。例如，在确定固定资产、无形资产等可收回金额时，通常需要计算资产预计未来现金流量的现值；对于应收债券、贷款等以摊余成本计量的金融工具，通常需要使用实际利率法将这些资产在预期存续期间或适用的更短期间内的未来现金流量折现，再通过相应的调整确定其摊余成本。

5. 公允价值

公允价值是指在公平交易中，熟悉情况的交易双方自愿进行资产交换或者债务清偿的金额。在公允价值计量下，资产和负债按照在公平交易中熟悉情况的交易双方自愿进行资产交换或者债务清偿的金额计量。公允价值主要应用于交易性金融资产的计量等。在各种会计要素计量属性中，历史成本通常反映的是资产或者负债过去的价值，而重置成本、可变现净值、现值及公允价值是与历史成本相对应的计量属性，通常反映的是资产或者负债的现时成本或者现时价值。当然这种关系也并不是绝对的，比如，在非货币性资产中，资产或者负债的历史成本有时就是根据交易时有关资产或者负债的公允价值确定。如果交换具有商业实质，且换入与换出资产的公允价值能够可靠计量，除非有确凿证据表明换入资产的公允价值更加可靠，否则换入资产入账成本的确定应当以换出资产的公允价值为基础。在非同一控制下的企业合并交易中，合并成本也是以购买方在购买日为取得对被购买方的控制权而付出的资产、发生或承担的负债等的公允价值确定的。再比如，在应用公允价值时，当相关资产或者负债不存在活跃市场的报价或者不存在同类或者类似资产的活跃市场报价时，需要采用估值技术来确定相关资产或者负债的公允价值。而如果用估值技术估计相关资产或者负债的公允价值时，现值往往是比较普遍的一种估值方法。在这种情况下，公允价值就是以现值为基础确定的，即公允价值相对于历史成本而言，具有很强的时间概念。

第二节　财务报告分析的基本方法

一、趋势分析法

趋势分析法又称水平分析法，是指将企业连续的两期或数期财务报告中相同指标进行对比，确定其增减变动的方向、数额和幅度，以说明企业财务状况和经营成果变动趋势的一种分析方法。通过对企业不同时期的财务信息进行比较，以便发现企业财务经营状况的变动规律及变动趋势。趋势分析法一般可以借助于统计或数学模型，在对原有资料进行分析的基础上，对公司未来较长时期的动态状况进行分析预测。运用趋势分析，可观察连续数期的财务会计报表，分析会计主体在不同时期的发展趋势。对分析对象可采用时间上纵向排列进行趋势分析，将 2~5 年的年度财务报告进行比较，以利于使用者进行趋势分析，了解企业的成长性和发展趋势，并预测其未来。趋势分析法的具体运用主要有以下三种方式。

（一）重要财务指标的比较

重要财务指标的比较是将不同时期财务报告中的相同指标或比率进行比较，直接观察其增减变动情况及变动幅度，考察其发展趋势，预测其发展前景。对不同时期财务指标的比较，可以有以下两种方法。

第一，定基动态比率，是以某一时期的数额为固定的基期数额而计算出来的动态比率。其计算公式为：

$$定基动态比率 = \frac{分析期数额}{固定基期数额} \times 100\%$$

第二，环比动态比率，是以每一分析期的前期数额为基期数额而计算出来的动态比率。其计算公式为：

$$环比动态比率 = \frac{本期数额}{上一分析期数额} \times 100\%$$

（二）会计报表的比较

会计报表的比较是将连续数期的会计报表的金额并列起来，比较其相同指标的增减变动金额和幅度，据以判断企业财务状况和经营成果发展变化的一种方法。

（三）会计报表项目构成的比较

会计报表项目构成的比较是在会计报表比较的基础上发展而来的。它是以会计报表中的某个总体指标作为100%，再计算出其各组成项目占该总体指标的百分比，从而来比较各个项目百分比的增减变动，以此来判断相关财务活动的变化趋势。在采用趋势分析法时，必须注意以下问题：第一，用于进行对比的各个时期的指标，在计算口径上必须一致；第二，剔除偶发性项目的影响，使作为分析的数据能反映正常的经营状况；第三，应用例外原则，应对某项有显著变动的指标作重点分析，分析其产生的原因，以便采取对策，趋利避害。

二、比率分析法

比率分析法是指将财务数据中彼此存在某些内在关联关系的两个以上要素的数值相除，计算其相应比率的分析方法。通过将计算出的具体比率数值与确定的比值标准或相关要素之间存在的内在规律要求进行比较，分析要素之间的关联程度，用以评价企业的财务经营活动。运用比率分析法，即通过财务报表中两项相关数值的比率揭示企业财务状况和经营成果。根据分析的目的和要求的不同，比率分析主要有以下三种。

（一）构成比率

构成比率又称水平分析，是指某个经济指标的各个组成部分占总体的金额比率，反映部分与总体之间的关系。利用构成比率，可以考查总体中某个部分的形成和安排是否合理，以便协调各项财务活动。其计算公式为：

$$构成比率 = \frac{某个组成部分数额}{总体数额} \times 100\%$$

（二）效率比率

效率比率是指某项经济活动中所费与所得的比率，反映投入与产出的关系。利用效率比率指标，可以进行得失比较，考查经营成果，评价经济效益。

（三）相关比率

相关比率是指根据经济活动客观存在的相互依存、相互联系的项目之间的比率，即某个项目和与另一项目有关但又不同，则通过两者的比值确定相关的比率。相关比率主要应用于反映有关经济活动的相互关系的分析法中，一般采用以下四个方面的相关比率指标。

第一，反映企业偿债能力的指标，如流动比率、速动比率、经营性现金净流量对流动债务比率、资产负债率、产权比率、已获利息倍数、长期负债与营运资金的比率等。

第二，反映企业营运能力的比率，如存货周转率或存货周转天数、应收账款周转率或应收款周转天数、流动资产周转率与固定资产周转率等。

第三，反映企业获利能力的比率，如总资产报酬率、净资产收益率、营业利润率、成本费用利润率与资本保值增值率等。

第四，反映企业发展能力的比率，如利润增长率、营业收入增长率与营业利润增长率等。

三、因素分析法

因素分析法也称因素替换法或连环替代法，它是用来确定几个相互联系的因素对分析对象（如综合财务指标或经济指标）的影响程度的一种分析方法。采用这种方法的出发点在于当有若干因素对分析对象发生影响作用时，假定其他各个因素都无变化，按照相关顺序确定每一个因素单独变化所产生的影响。具体而言，步骤如下：先确定某个综合指标的各个影响因素及各影响因素之间的相互关系，并计算其在标准状态下的综合指标数值，然后依次把其中一个当作可变因素进行替换，最后再分别找出每个因素对差异的影响程度。

四、比较分析法

比较分析法是将相关财务数据或财务指标数值与所确定的标准进行对比分析，计算其存在的数量差异，并进一步分析差异产生的原因或推测指标变动趋势的一种分析方法。比较分析法对存在内在联系的，具有可比性的财务报表指标进行比较，借以分析其规律性比较分析。比较分析法一般可分为纵向分析、横向分析和交叉分析。其中，纵向分析是指从时间上对分析对象的历史、现在和未来进行比较分析，如将企业的现在指标与历史指标和未来指标进行比较分析；横向分析是指从平面空间上对分析对象进行比较分析，如将企业的现在指标与同行业先进企业的现在的相应指标进行比较；交叉分析是指从三维空间上，在纵向分析和横向分析的基础上，对分析对象进行立体交叉的由浅入深、由低级到高级的比较分析。具体分析时，它是将报告期实际指标与同一性质不同时期、不同企业的指标进行对比分析，揭示差异，分析原因。实际指标的分析比较对象，可以是同一报告期间的计划指标、标准指标，也可以是不同时期或同行业不同企业的相关指标。运用比较分析法，如何选择确定比较标准显得至关重要。通常而言，具有一定代表性的比较标准如下。

（1）企业历史最佳标准。将本企业历史上曾达到的最佳指标作为比较标准，便于了解自身财务状况、经营成果与现金流量的发展变化与趋势。企业历史最佳标准相对契合企业的实际状况，由此针对性较强。

（2）当期计划或预算标准。选择计划或预算指标作为标准，有助于企业加强预算管理，通过计算、分析计划或预算的完成情况及其存在的差异，便于企业实施业绩评价，同时也有利于查找问题存在的关键，实行有效的内部控制。

（3）同行业平均标准。通过与同行业平均水平进行比较，有利于企业正确认识其在行业中所处的地位或水平，进行 SWOT 分析，科学择定企业战略与策略，确保企业在行业中的合理定位。

（4）同行业最佳标准。以该类指标作为比较标准，便于企业进行标杆管理，实施有效的定点超越。

在采用比较分析法时，除了注意标准的选择之外，比较指标的数据形式、指标所包含的具体内容及指标的计算方式与方法、指标所涵盖的时间范围等，也都直接影响着分析内容与结果的可比与否。例如，对于季节性较强的生产公司，旺季与淡季就不适合直接比较。对于存货周转率，由于先进先出法与加权平均法计算出来的发出存货的成本不一致，也有可能导致因为营业成本或存货的计算方法不同所产生的差异而有所变化，从而导致计算结果的不可比性。采用比较分析法进行财务报告分析时，可采用分析比较报表有关数据来进行，如分析按照绝对金额编制的比较会计报表、按项目构成比例编制的比较财务报表、按百分比分析编制的比较会计报表等。此外，还可通过财务指标的比较分析来进行。

第三节　主要财务比率

一、偿债能力比率

偿债能力比率是反映企业用现有资产偿还债务的能力的比率，用于分析企业目前是否存在不能偿还债务的风险。

（一）流动比率

流动比率是流动资产与流动负债的比率。其计算公式为：

$$流动比率 = \frac{流动资产}{流动负债}$$

流动比率反映企业运用其流动资产偿还流动负债的能力。因为流动负债具有偿还期较短的特点，流动资产具有较容易变现的特点，正好可以满足流动负债的偿还需要，所以流动比率是分析短期偿债能力最主要的指标。美国的传统教科书认为，将其保持在 2 左右是比较适宜的。但这只是一个经验数据。由于所处行业不同、受到季节性因素的影响，或者企业处在不同的发展阶段，这一数据会有很大的差别。在分析企业流动资产和流动负债的关系时，不能仅仅关注这个比率。在全部流动资产中，各项目在清偿债务时的可用性并不相同。可用性是指资产及时、不贬值地转变为可以清偿债务的货币资金的能力。例如，对于以赊销为主的企业，其存货首先应转化为债权，在回收债权后才能用于偿债。因此，流动比率仅是一个较为粗略地评价企业短期偿债能力的比率。

（二）速动比率

为更精确地评价企业短期偿债能力，需要剔除流动资产中可用性差的项目，于是就出现了速动比率，也叫酸性测试比率。其计算公式为：

$$速动比率 = \frac{速动资产}{流动负债}$$

其中，速动资产是指可以及时、不贬值地转换为可以直接偿债的货币资金的流动资产。在实践中一般是简单地将存货从流动资产中剔除而得到速动资产。美国教科书通常认为，一个企业的速动比率为 1 是恰当的。在这种情况下，即便所有的流动负债要求同时偿还，也有足够的资产维持企业正常的生产经营。

这两个比率都是用来衡量一个企业的短期偿债能力的。一般来说，流动比率与速动比率越高，流动负债的偿还能力越强。但这两个比率也不是越高越好，因为通常情况下，流动资产的流动性越高，其收益性就有可能越差，或者几乎没有收益，比如现金。此外，这两个比率在某种程度上还反映了企业的经营管理能力、企业的经营风格和竞争力。将这两个比率当年与往年的水平进行比较或者与行业的正常水平进行比较，看是否有较大的变动，并分析这一变动的原因，有利于了解企业的战略和经营风格。

（三）杠杆比率

杠杆比率反映的是企业的负债与所有者权益之间的对比关系，用来评价企业长期偿债能力和继续举借债务能力的指标。企业可以用来偿还债务的资金来源除了自身拥有的财产、经营过程中赚取的利润，还包括向外部债务人举借债务所获得的资金。在评估企业的举债能力的大小时，债务人通常会考虑企业的债务与权益的相对比率。一般来说，企业债务与股东权益的比率越小，企业进一步举债的能力就越大。这是因为债权人在借出资金时主要考虑贷款的风险，债务与股东权益的比率越小，自有资金对借入资金的保障程度就越高，偿债风险也就越小。

1. 资产负债率

资产负债率是企业负债总额与资产总额的比率，表示企业全部资金来源中有多少来自举借债务，是衡量企业财务风险的主要指标。其计算公式为：

$$资产负债率 = \frac{负债总额}{资产总额} \times 100\%$$

2. 权益乘数

权益乘数是资产总额与所有者权益总额的比率，反映企业由于举债而产生财务杠杆效应的程度。其计算公式为：

$$权益乘数 = \frac{资产总额}{所有者权益总额}$$

权益乘数和资产负债率多大为宜，通常没有定论。权益乘数的大小和资产负债率的高低除了受企业所在行业、所处经营周期等因素的影响，与企业的举债程度有直接关系，反映管理层的经营理念和风险偏好。不过通常认为，具有较高的权益乘数的企业财务风险相对较大。但并不是两个指标越小越好，因为企业的财务目的是使股东财富最大化，利用财务杠杆可以获得经营机会，借用债务人的资金为投资者赚取更多的利润。所以，企业应根据自身的实际情况采取不同的融资策略。这两个指标在不同行业的不同企业之间会存在很大的差异。

　　3. 其他相关比率

　　除了以上比率以外，还有利息保障倍数和固定支出保障倍数，这两个指标也是用来评价企业的偿债能力。但是这两个比率与以上比率的评价角度不同，以上比率是从评价企业偿还债务本金的能力的角度出发的，而这两个比率是从评价企业每年支付利息和固定支出的能力的角度出发的。这是由长期负债的特点所决定的，长期负债除了需要到期偿还本金，每年还要支付利息，如果企业出现不能及时偿还利息的情况，就会影响企业的信誉和举债能力。所以，这两个比率通常也作为评价企业偿债能力的主要指标。

　　（1）利息保障倍数。息税前利润是指扣除利息和税务支出之前的利润，可以用总利润加利息费用求得，用来说明是否有足够的利润支付到期的利息。其计算公式为：

$$利息保障倍数 = \frac{息税前利润}{利息费用}$$

　　通常而言，利息保障倍数越大越好。这个指标可以反映企业的偿债能力，是因为企业偿还利息的能力越强，就越容易举债成功。但实际上，企业偿还利息的能力至少在短时间内主要取决于企业的现金支付能力，而与利息保障倍数无关。因此，我们认为，利息保障倍数的作用仅仅在于从股东的角度评价企业当前的借债政策是否有利，它并不能真正反映企业的偿债能力。

　　（2）固定支出保障倍数。固定支出保障倍数考虑到企业除了利息费用之外，还有一些固定的支出，即无论企业是否盈利都会发生的支出，比如优先股的股利、偿债基金每年要求提取的费用等。在计算这个比率时需要注意的是，如果是税后支付的固定费用，比如优先股股利，要折算成税前的金额进行计算。用这个比率来评价企业的偿债能力相对于利息保障倍数来说更保守、更稳健。

二、盈利能力

（一）毛利率

毛利等于营业收入减去营业成本。其计算公式为：

$$毛利率 = \frac{（营业收入 - 营业成本）}{营业收入} \times 100\%$$

毛利率用来计量管理者根据产品成本进行产品定价的能力，也就是企业的产品还有多大的降价空间。但是要注意，由于各个企业所处行业和会计处理方式不同，产品成本的组成有很大的差别，因此在用这个指标比较两个企业时要注意分析具体情况。

（二）核心利润率

核心利润率主要为核心利润与营业收入的比值。其计算公式为：

$$核心利润率 = \frac{核心利润}{营业收入} \times 100\%$$

由于利润表中形成营业利润的其他收益、公允价值变动收益、投资收益以及资产处置收益等与营业收入无直接关系，并不是企业开展经营活动所谋求的经营成果。因此，只有将核心利润与营业收入相比较，而非将营业利润更不是将利润总额或净利润与营业收入相比较，才能更加客观地评价管理层在经营活动中的经营绩效和管理能力。

（三）销售净利率

销售净利率是净利润与营业收入的比值。其计算公式为：

$$销售净利率 = \frac{净利润}{营业收入} \times 100\%$$

销售净利率用来衡量企业营业收入最终给企业带来盈利的能力，即反映企业销售收入所带来的净利润金额。

（四）总资产报酬率

总资产报酬率是指息税前利润与平均总资产的比值。其计算公式为：

$$总资产报酬率 = \frac{息税前利润}{平均总资产} \times 100\%$$

公式中，平均资产总额是用资产年初余额和年末余额之和除以 2 得到的。在不考虑利息费用和纳税因素而只考虑经营情况时，这个比率反映管理层对所有资产实施管理所产生的效益，即管理层利用企业现有资源创造价值的能力。这个比率是对企业整体盈利能力的衡量，应排除企业的财务结构和税收等非经营因素的影响。将该比率和借款利率等反映企业资本成本的指标进行比较，有助于企业的管理层作出更加科学的融资决策，这也是判断企业资本结构质量所考虑的一个重要方面。

（五）股东权益收益率

股东权益收益率通常也称为净资产收益率，是企业净利润与净资产的比值。其计算公式为：

$$股东权益收益率 = \frac{净利润}{平均净资产} \times 100\%$$

计算该比率时应注意以下问题：首先，分子是息税后净利润减去支付给优先股股东的股利后得到的，考虑了企业资本结构的影响。其次，分母是期初数加上期末数除以 2 得到的，考虑了普通股股东权益的变化。这个数据对普通股股东是非常有意义的，股东可以用这个数据和自己要求的收益率相比较，决定是否继续投资该企业。对管理层来说这个数据也有实际意义，用这个数据和企业的资产报酬率相比较，如果比资产报酬高很多，则说明企业利用财务杠杆为股东创造了更多价值。该指标也是证券市场监管部门用于衡量上市公司盈利能力、提出监管要求（如 IPO 以及股权或债券再融资等）的常用指标。

三、营运能力

（一）应收账款周转率

应收账款周转率是指营业收入与平均应收账款的比值。其计算公式为：

$$应收账款周转率 = \frac{营业收入}{平均应收账款}$$

公式中，平均应收账款是用年初应收账款和年末应收账款之和除以 2。通常企业通过赊销和现销两种方式进行销售，应收账款是在赊销过程中产生的，所以计算应收账款周转率时应该采用赊销净额。但是通常赊销净额只有内部人员才能够得到，外部报告分析者很难得到这个数据，所以实践中常用营业收入代替赊销净额来计算这个比率。在用营业收入代替赊销净额时，将现销视为回收期为零的应收账款。如果企业销售中赊销比例较小，计算得到的周转率就会较大。

需要指出的是，利用上述公式进行分析时应注意：第一，该公式假设企业的应收票据一般规模不大（因为应收票据也推动了赊销收入），在应收票据规模较大时，应改用商业债权周转率；第二，应收账款应该用减除坏账准备之前的"原值"金额（因为企业真正周转和回收的不是净值，而是原值）；第三，在实施增值税的条件下，销售额的项目还应该包含相关的税额（如不含税，转换为含税收入的金额），这是因为债权中包括销项增值税。

（二）存货周转率

存货周转率的计算公式为：

$$存货周转率 = \frac{营业成本}{平均存货}$$

公式中，平均存货可以是年平均存货、季平均存货或者月平均存货；营业成本是对应的年营业成本、季营业成本和月营业成本。最常用的是年营业成本除以年平均存货，年平均存货由年初存货金额加上年末存货金额除以 2 得到。使用这个指标时做了如下假设：存货在一年当中是匀速使用的，不会发生波动。很显然，这种假设对很多企业是不适用的，因为很多企业的存货存在季节性。比如商业企业，在年末是旺季，此时的存货比其他季节的存货要多，这样计算得到的存货周转率就会比实际的存货周转率要小，从而扭曲了该指标。

（三）固定资产周转率

固定资产周转率是指营业收入与平均固定资产原值的比值。其计算公式为：

$$固定资产周转率 = \frac{营业收入}{平均固定资产原值}$$

公式中，平均固定资产原值是期初固定资产原值和期末固定资产原值的和除以 2 得到的，这个指标可以粗略地计量企业固定资产创造收入的能力，反映企业管理层管理使用固定资产的效率。需要说明的是，有些教科书直接用资产负债表中的固定资产账面价值来计算此资产运营的能力指标。我们认为，体现企业固定资产规模的不是账面价值也不是净值，而是原值。因此，用原值计算出来的周转率可以恰当地反映企业对固定资产的运用状况。否则就会出现这样的情况：企业相邻两年的营业收入完全一样，但由于第二年企业计提了折旧而导致净值减少，结果用净值计算出来的周转率第二年高于第一年。而如果用原值计算，就会得出两年周转率一样的恰当结果。

（四）总资产周转率

总资产周转率是指营业收入与平均总资产的比值。其计算公式为：

$$总资产周转率 = \frac{营业收入}{平均资产总额}$$

公式中，平均资产总额是期初总资产和期末总资产之和除以 2 得到的，这个指标可以粗略地计量企业资产创造收入的能力，反映企业管理层管理企业资产运营的能力。但是资产的组成很复杂（如投资性资产就不创造营业收入），所以这个指标只是一种粗略的描述，还要考虑企业资产的具体构成情况才能作出合理细致的评价。前已述及，在企业对外投资规模较大时，平均总资产应该剔除并不引起营业收入增加的各项投资性资产。

四、发展能力

（一）利润增长率

利润增长率反映净利润的增长情况。其计算公式为：

$$利润增长率 = \frac{当期净利润 - 上期净利润}{上期净利润} \times 100\%$$

（二）营业收入增长率

营业收入增长率反映营业收入的增长情况。其计算公式为：

$$营业收入增长率 = \frac{当期营业收入 - 上期营业收入}{上期营业收入} \times 100\%$$

（三）营业利润增长率

营业利润增长率反映营业利润的增长情况。其计算公式为：

$$营业利润增长率 = \frac{当期营业利润 - 上期营业利润}{上期营业利润} \times 100\%$$

五、综合分析

以上分析是针对企业财务状况的一个方面进行的分析，用几个比率来衡量企业财务状况的某一个方面。总的来说是用两个数据得出一个比率，然后用几个相关的比率综合分析企业财务状况的一个侧面，或者用一系列的比率考察企业财务状况的每一个方面，然后综合起来得到企业整体财务状况和管理状况的分析。通常这种分析只告诉我们这个企业怎么样，有什么问题，而很难告诉我们为什么是这样，可以怎样改进。杜邦企业的经理提出了一套分析方法，叫杜邦分析法，具体如图 1 - 1 所示。

净资产收益率

总资产净利率　×　权益乘数

营业净利率　×　总资产周转率　×　1÷（1-资产负债率）

净利润　÷　营业收入　÷　资产总额　负债总额　÷　资产总额

收入总额　-　成本费用总额　流动资产　+　非流动资产

收入总额：
→ 营业收入
→ 公允价值变动收益
→ 投资收益
→ 营业外收入

成本费用总额：
→ 营业成本
→ 税金及附加
→ 期间费用
→ 资产减值损失
→ 投资损失
→ 营业外支出
→ 所得税费用

流动资产：
→ 货币资金
→ 交易性金融资产
→ 应收及预付款
→ 存货
→ 其他流动资产

非流动资产：
→ 长期股权投资
→ 投资性房地产
→ 固定资产
→ 在建工程
→ 无形资产
→ 开发支出
→ 商誉
→ 长期待摊费用
→ 递延所得税资产
→ 其他非流动资产

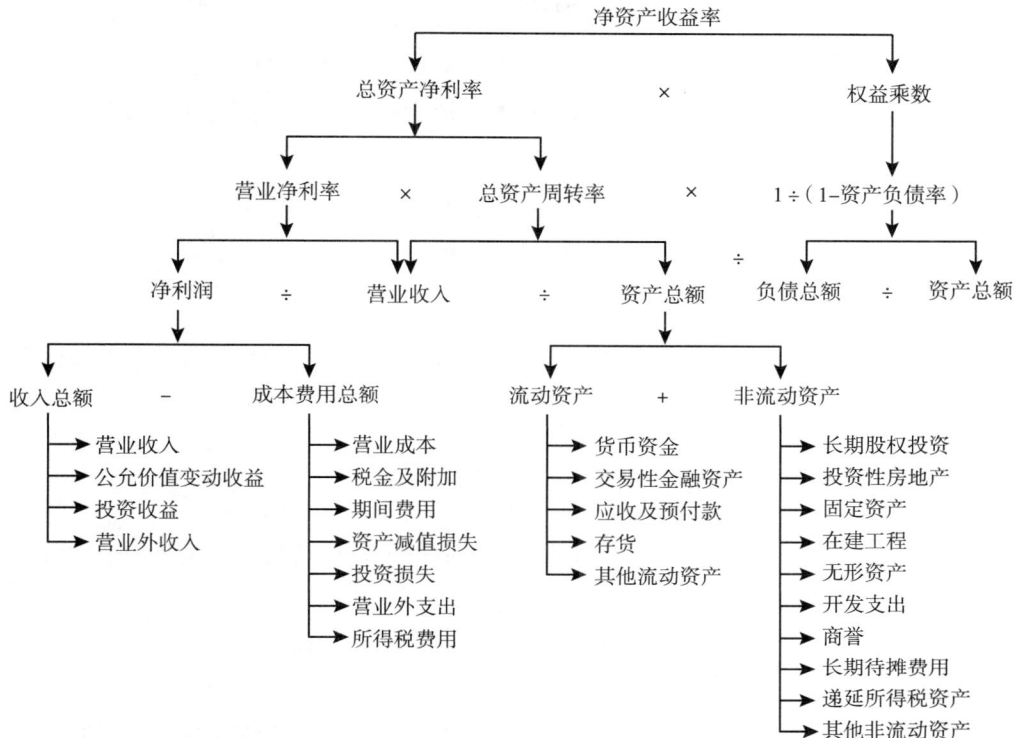

图 1-1　杜邦分析体系

由此可知，此分析图是针对企业自身经营活动的。杜邦分析法从净资产收益率出发，分析造成这个结果的原因，最终可以推广到企业各方面情况的分析。杜邦分析法另一个重要的作用是帮助制定预算，也就是制定盈利目标，然后确定各方面的指标。比如，原来的净资产收益率是 12%，分解为销售净利率×资产周转率×权益乘数。由于经济形势稳定，产业发展状况良好，企业有一定的财务实力，因此要求下年的净资产收益率上升 2 个百分点，变为 14%。由分解的公式知道，可以从三个方面提高净资产收益率，即提高销售净利率、加快资产周转率和提高企业的财务杠杆，还可以进一步对这三个方面进行分析，确定需要提高哪些指标。杜邦分析法的主要用途有两个，一个是分析造成过去财务结果的原因，另一个是分析提高将来财务成果的方法。此外，通过杜邦分析法还可以透视公司竞争战略的选择与实施情况。采用不同竞争战略的公司在财务上有不同特征。成功实施差异化战略的公司通过技术专利、品牌形象等构筑了很高的竞争壁垒，一般的竞争者根本无法跨越，从而保证了自身的竞争优势，公司的毛利率、销售净利率等比较高且稳定，盈利能力很强。成本领先战略则无法建立竞争壁垒，进入门槛不高，没有特别核心的技术，对竞争者的要求主要集中在工艺上，企业通过提高资产周转率来增强盈利能力。新进入者追赶甚至替代老公司的难度相对较低，因此市场竞争日益激烈，最后往往只能陷入价格战，公司的毛利率、销售净利率等比较低且波动很大，公司甚至可能陷入亏损的境地。

六、上市公司的特殊比率

对上市公司而言，信息使用者还应关注与每股普通股有关的比率，具体包括以下相关比率。

（一）每股收益

每股收益也称每股盈余或每股盈利，反映企业一定时期平均对外发行的股份所享有的净利润。其计算公式为：

$$每股收益 = \frac{可供普通股股东分配的净利润}{发行在外的普通股加权平均数}$$

一般来说，在利润质量较好的情况下，每股收益越高，表明股东的投资效益越好，股东获取较高股利的可能性也就越大。这个指标是普通股股东最关心的指标之一，而且其数值直接影响企业支付普通股股利的多少，如果没有足够的收益就不能支付股利，当然，股利的实际支付还要受上市公司现金状况的影响。

（二）股票收益率

股票收益率是指企业普通股每股股利与普通股每股市价的比率。其计算公式为：

$$股票收益率 = \frac{普通股每股股利}{普通股每股市价}$$

由以上公式分子、分母可知，股票价格的波动和股利水平的任何变化均会导致股票收益率的变化。股票收益率粗略地计量了在当年投资当年回收的情况下收益的比率。

（三）市盈率

市盈率也就是市价与每股收益的比率，是普通股每股市价与每股收益的比率。其计算公式表示为：

$$市盈率 = \frac{普通股每股市价}{普通股每股收益}$$

市盈率是反映市场对企业的期望的指标。市盈率越高，市场对企业的未来越看好。但是，这个比率不能用于不同行业间企业的比较，因为市盈率与企业的增长率相关，不同行业的增长率不同，不同行业的企业之间比较这个数据是没有意义的。市盈率的问题之一是会计利润会受各种公认会计政策的影响，也会受到不同行业发展前景预期的影响，这使得上市公司之间的比较产生困难。

（四）股利支付率

股利支付率是每股股利与每股收益之比，反映普通股股东在全部获利中实际可获取的股利份额。其计算公式为：

$$股利支付率 = \frac{每股利支付}{每股收益}$$

单纯从股东利益的角度看，此比率越高，股东所获取的回报越多。可以通过该指标分析企业的股利政策，因为股票价格会受股利的影响。上市公司为了稳定股票价格可能采取不同的股利政策，可能会在资本市场上出现这样的情况：支付现金股利的公司其股票价格不会迅速上涨，配股或者送股的企业其股票价格反而上涨很多。这与国家的税收政策、资本市场当时的行情、股民的心态等各方面因素都有关系。

（五）每股净资产

每股净资产是公司的净资产与普通股股数之比。每股净资产在理论上提供了上市公司普通股每股的最低价格。其计算公式为：

$$每股净资产 = \frac{净资产}{普通股股数}$$

七、财务比率分析方法的局限性

尽管对企业的报表进行比率分析可以使信息使用者获得许多关于企业财务状况的信息，但是仍不足以对企业的财务状况整体作出全面评价。

第一，报表信息并未完全反映企业可以利用的经济资源。我们已经知道，列入报表的仅是可以利用的、可以用货币计量的经济资源。实际上，企业有许多经济资源受客观条件制约或者受会计惯例的制约并未在报表中得到体现。例如，企业的人力资源、历史悠久的企业账外存在的大量无形资产（如未申请专利的专有技术）、大数据资源、客户资源以及自创商誉等，这些资源难以用货币计量，均不可能在报表中予以反映。所以说，报表仅反映了企业有价值的经济资源的一部分。

第二，受历史成本计量属性的制约，企业的报表资料对未来决策的价值仍然在一定程度上受到限制。历史成本原则的固有缺陷在于，它将不同时点的货币数据简单相加，使信息使用者不知晓他所面对的会计信息的实际含义，使这些会计信息很难对其现在和未来的经济决策有实质性参考价值。尤其是存在通货膨胀时，更会大大降低人们对会计信息的信任程度。

在进行比率分析时，经常要将报表中的相关项目加以比较，并在此基础上进行趋势分析。尽管新准则广泛引入了公允价值计量属性，但对于相当多的资产项目，尤其是长期资产项目，仍然要以历史成本为基础加以计量（虽然在一些时候计提了资产减值准备），这就导致在计算很多比率时存在用现时价值计量的数据与用历史成本计量的数据加以比较的情况，使得出的结果不够合理，难以反映企业的实际情况。

第三，企业会计政策运用上的差异导致企业在与自身的历史、未来预测对比的过程中，以及在与其他企业进行对比的过程中难以发挥应有的作用。关于会计政策的差异问题，我们已在前面进行了讨论。读者只需记住一点：企业在不同会计年度间采用不同会计方法以及不同企业以不同会计方法为基础形成的信息具有相当程度的不可比性。在企业变更会计政策的情况下，一定要深入地研究，仔细分析政策变更对企业的影响和发生变更的原因。

第四，企业对会计信息的人为操纵可能会导致信息使用者作出错误决策。在企业对外形成财务报表之前，信息提供者（主要是管理层）往往对信息使用者所关注的财务状况以及信息偏好进行仔细分析与研究，并尽力满足信息使用者对企业财务状况的期望。这就难免形成"你想看什么，我尽力提供什么""你希望我的业绩如何，我就编出这样的业绩让你看"的思维与结果。这样极有可能使信息使用者所看到的报表信息与企业实际状况有一定差距，从而导致信息使用者作出错误决策。

因此，对企业财务状况的全面分析与评价，除考虑货币因素外，还应充分考虑非货币因素，提高对误导性信息的识别与防范能力。

第四节　财务报告分析的主要信息来源

企业财务报告分析的信息来源主要包括外部信息来源与内部信息来源两个方面。其中，外部信息来源主要包括企业对外公开披露的财务报告、股东大会和董事会发布的各项公告（如招股说明书、配股说明书、临时公告、会议公告等）、注册会计师的审计报告、行业发展的有关经济与金融政策以及行业内其他可比公司的经营与财务信息；内部信息来源主要包括财务计划等内部资料。

一、财务报告

财务报告是反映企业财务状况、经营成果和现金流量等的书面文件，包括资产负债表、利润表、现金流量表、所有者权益变动表、附表及会计报表附注和财务情况说明书。一般国际或区域会计准则都对财务报告有专门的独立准则。"财务报告"从国际范围来看是较通用的术语，但是在我国现行有关法律行政法规中使用的是"财务会计报告"术语。为了保持法规体系一致性，基本准则仍然使用"财务会计报告"术语，但同时又引入了"财务报告"术语，并指出"财务会计报告"又称"财务报告"，从而能够较好地解决了立足国情与国际趋同的问题。财务报告主要包括以下财务报表。

第一，资产负债表。资产负债表是总括反映企业某一特定日期的财务状况，包括企业所有拥有或控制的经济资源及其构成，所承担的债务类别、金额和企业净资产（即所有者权益总额）等情况的会计报表。资产负债表的理论依据是资产＝负债＋所有者权益。资产负债表分为左右两方，左边为资产，右边为负债和所有者权益；两方内部按照各自的具体项目排列，资产各项目合计与负债和所有者权益各项目合计相等。

第二，利润表。利润表反映的则是企业一定时期的经营成果，提供的是有关企业经济活动中所得与所耗之间配比效果方面的信息。利润表的理论基础是"收入－费用＝利润"。利润表有单步式和多步式之分，其中，多步式利润表由以下三个部分组成：一是，营业利润＝营业收入－营业成本－税金及附加－销售费用－管理费用－财务费用－资产减值损失＋投资净损益＋公允价值变动净损益；二是，利润总额＝营业利润＋营业外收入－营业外支出；三是，净利润＝利润总额－所得税费用。

第三，现金流量表。现金流量表是提供企业一定会计期间内有关现金和现金等价物的流入、流出以及净流量等信息情况的会计报表，是为报告分析者提供有关企业获得与使用资金的渠道、规模与能力等信息的报表。现金流量表是以资金收付实现制为基础编制的。这里的资金包括企业拥有的库存现金、银行存款、其他货币资金和现金等价物等。现金流量表的基本结构按以下顺序列示：经营活动现金流量、投资活动现金流量和筹资活动现金流量。

第四，所有者权益变动表。所有者权益变动表是反映构成企业所有者权益的各个组成部分在报表披露当期的增减变动情况的报表。所有者权益变动表不仅包括所有者权益总量的增减变动，还包括构成所有者权益的具体项目，如股本、资本公积、留存收益等各部分的增减变动信息，提供了有关企业所有者权益。

第五，会计报表附注。会计报表附注是财务会计报告不可或缺的组成部分，是对资产负债表、利润表、现金流量表和所有者权益变动表等报表中列示项目进一步的文字描述和明细资料，以及对未能在这些报表中列示的、会计报表本身无法或难以充分表达的，但对使用者的分析理解具有一定影响的内容和项目的补充完善和详细解释。根据《企业会计准则第 30 号——财务报表列报》中第 33 条的相关规定，会计报表附注一般应包括以下文字信息：①财务报表的编制基础；②遵循企业会计准则的声明；③重要会计政策与会计估计的说明（包括报表项目计量基础和会计政策确定依据，下一会计期间内很可能导致资产、负债的账面价值出现重大调整的会计估计的确定依据等），以及会计政策与会计估计变更和会计差错更正的说明；④对已在资产负债表、利润表、现金流量表和所有者权益变动表中列示的重要项目的进一步说明；⑤对或有和承诺事项、资产负债表日后非调整事项、关联方关系及其交易等需要说明的事项。此外，企业在会计期间发生的涉及重要资产的转让、出售，企业合并、分立等事项及重大投资、融资活动，会计期间利润的实现和分配情况，以及其他对企业财务状况、经营成果和现金流量有重大影响的事项，也都应该按照规定及时披露。

二、招股说明书

招股说明书经政府有关部门批准后，具有法律效力的文字书面说明，主要对外说明公司发行股份和发起人、社会公众认购股份的一切行为。除应遵守国家有关规定外，招股说明书都要遵守招股说明书中的有关规定，违反者，要承担相应的责任。根据《公司法》的规定，招股说明书应当附有发起人制定的公司章程，并载明下列事项：发起人认购股份数；每股的票面金额与发行价格；无记名股票的发行总数；认购人的权利、义务；本次发行股票的起止期限及逾期未募足时认股人可撤回所认股份的说明。一般来说，招股说明书应采用书面形式，其格式由发起人自行确定。招股说明书由发起人拟订，由全部发起人认可同意后提交政府授权部门审批。招股说明书的审批，一般由政府授权部门进行。投资者在作出认购股份的决定前，应首先仔细阅读招股说明书全文，并以全文作为投资决定的依据。虽然招股说明书并非发售文件，但也不得误导投资人。

三、上市公告书

上市公告书是指上市公司按照证券法规和证券交易所业务规则的要求，于其证券上市前，就其公司自身情况及证券上市的有关事宜，通过证券上市管理机构指定的报刊向社会公众公布的宣传和说明材料。了解上市报告书应主要通过以下几个方面内容。

（一）公司业务范围

目前在中国，企业从事的经营业务范围必须得到市场监管管理机构的认可。一般来说，公司经营范围越广泛，资金投向的选择余地就越大。精明的公司管理人员往往会选择恰当的时机，投入资金从事属于其经营范围的业务。反之，当某一产品或行业在某一时期竞争较为激烈，获利水平降低时，公司可抽出资金及时转向其他产品或行业投资。上市公告书使用者可从公司概况中的经营范围和公司前三年经营业绩介绍中去了解公司的业务范围。

（二）股本到位情况

按相关法律法规的相关规定，股份有限公司的股票上市，首先必须募足股本金。因此，公司在公布上市报告书时，必须公布会计师事务所注册会计师对股本金投入的验证结果。了解股本金到位情况的另一个主要的目的是看股东投入股本的时间。如果社会法人和个人投入股本时间较晚，而公司仍有较高的税后利润，则说明该公司有较强的获利能力。因为所实现的利润，在某段时间内仅仅依靠了部分股本。如果股本全部到位且被合理有效地运用，则会产生更高的利润。对股本到位情况主要看会计师事务所和注册会计师的验资报告。

（三）资产构成情况

我们应从公布的资产负债表上去分析上市公司资产构成情况。资产通常有货币性资产、债权性资产、实物性资产、投资性资产、无形资产、递延资产等。在这些资产中，有些直接就可为公司产生效益，如货币性资产、实物性资产、投资性资产。有些则需经过一定的时间，才能为公司产生效益，如债权性资产中的应收账款，其他应收账款、预付货款等，需要在一定时间以后才能转为货币或实物。有些资产尽管账面上存在但对公司并不能产生效益。它们的存在，只是因为公司会计核算必须符合权责发生制原则的要求，如短期递延资产的待摊费用和长期递延资产中的长期待摊费用等。如果一家公司总资产中债权性资产和递延性资产占的比重较大，那么即使总资产很大，也不一定能有较好的经济效益。上市公告书使用者可自行计算资产负债表上各类资产占总资产的比重，从而分析其资产结构的优劣。

（四）对外投资情况

企业对外投资是作为一种主要的财务信息来加以揭示的。因为对外投资往往能够反映出一家公司的资金实力、控股能力、社会关系、多种经营方式及收益来源等信息。一般来说，如果在上市公告书上看到某公司对外投资面很广，且投资占被投资企业注册资本的 50% 以上，则说明该公司有一定的资金实力和已经控制了被投资企业。当然分析对外投资还需结合其他一些财务资料来进行。例如，可从利润表或财务报表附注说明中去寻找有关投资收益的资料。如果发觉投资金额较大，投资时间较长，但投资收益不大，就应仔细阅读重要事项揭示，或者直接去函去电上市公司，要求其进一步解释被投资企业的情况。

（五）负债情况及偿债能力

负债经营是现代成功企业常用的一种经营手段。在本行业、本企业产品资金利润率高于银行贷款利率时，公司管理者总是希望借入更多的资金来开展自己的业务。但举债额度不可能是无限制的，债权人在看到债务人的负债与股东权益比例达到某一数值时，就会停止继续出借资金，而作为股东或潜在股东来讲，上市公司负债大同自己也有密切的关系。在资产总额已定的情况下，负债越大，股东权益越小。在看上市公告书时，有些反映公司负债情况及偿债能力的资料直接就可看到，如财务指标分析中的流动比率、速动比率、股东权益比率。

（六）经营能力和管理水平情况

反映一家公司经营能力和管理水平好坏的信息资料有很多，在上市公告书中主要从以下几方面去分析。首先，分析公司人员素质。主要看公司高级管理人员的年龄结构、学历层次、主要经历等。此外，还可分析整个公司在册人员的专业人员比例。专业人员中高、中、初级职称的构成。其次，分析应收账款收回能力。应收账款账龄长短，往往能反映出一家公司在资金管理上的能力。由于应收账款这一资产本身在资金循环过程中并不会增值，以及账龄越长越有可能成为坏账，因此，善于管理的人会将应收账款账龄尽可能地缩短。

（七）获利能力

分析获利能力大小最直接和最简单的方法是看公司的税后利润。由于大部分国有企业上市之前的股份公司都是由国有或集体企业转制成立的，因此，转制后的股份公司没有之前全年的税后利润数。如果将转制前后两段时间内实现的税后利润作为上市公司全年的税后利润，显然不利于上市公司。因为转制前的税后利润主要是由国家股来创造的。但按照财政规定的计算口径，即将年内转制后实现的税后利润除以转制后月份数乘以 12 个月确定为全年税后利润也有一定的缺陷。因为国有或集体企业在转制为股份公司时，生产经营过程并没有中断，某些费用被归属于改制前的时间内，而收入被归属于改制后的时间内。因此，按全年改制前后两段相加的税后利润同按财政计算口径得出的税后利润对有些上市公司来讲，存在较大差距。在看上市公告书时，应将上述两种计算方法得出的两种全年税后利润结合起来自己进行分析。对于税后利润另一个需注意的事项是，将原招股说明书中预测年份可实现的税后利润同上市公告书中该年实际实现的税后利润相比较，来判断上市公告书中未来三年经济效益的预测是否可靠。

（八）重要事项

在看上市公告书时，不仅应对财务报表及其附注说明中列示的数据和财务指标进行分析研究，而且还应对重要事项揭示的内容仔细阅读。这一部分中提供的信息对进一步了解财务报表和财务指标有极大的帮助。例如，可从中了解该上市公司所适用的所得税税率；公司以前所用的会计政策是否改变，如有改变，其原因和导致的结果是怎样的；公司高层管理人员为何变更等。同时，还可以从重要事项揭示部分中了解到上市公司年度预测税后利润同实际税后利润之间差异的原因，从而去分析这家上市公司未来发展趋势。

四、财务计划

财务计划是指企业以货币形式预计计划期内资金的取得与运用和各项经营收支及财务成果的书面文件。财务计划是企业经营计划的重要组成部分，是进行财务管理、财务监督的主要依据。财务计划是在生产、销售、物资供应、劳动工资、设备维修、技术组织等计划的基础上编制的，其目的是为了确立财务管理上的奋斗目标，在企业内部实行经济责任制，使生产经营活动按计划协调进行，挖掘增产节约潜力，提高经济效益。

通过企业内部信息分析，究其原因可能在于库存商品销售不畅，或由于存货加工的生产技术出现问题，可能在于企业质量管理水平低下导致存货周转不畅，或在于存货存储管理不善导致大量的废品损失等，也可能在于企业盲目采购以及审核批准环节不规范等问题。

会计信息化的发展、企业资源计划运用与企业流程的再造，使得企业经营活动的诸多信息可以迅速、便捷进入企业的管理信息系统，通过信息共享，方便快捷地在各部门、各系统之间传递、处理、输出。例如，材料的收发、生产进度、款项的收付、资产资料等各种详细资料，在企业内部得以迅速生成和取得。这不仅使数量庞大的企业内部资料容易获得，也使企业的财务分析更多地与业务分析相结合，大大拓展了企业财务分析的内容。当然，仅仅依靠内部信息，也无法满足科学决策的需要。将内部信息与外部信息相结合对企业管理者挖掘深层次原因显得尤为重要。

本章小结

本章重点阐述企业财务报告分析的基础内容，具体包括财务报告分析的动因、财务报告分析的内容以及财务报告分析的基本理念，其中财务报告分析的基本理念主要包括货币时间价值理念、机会成本理念、风险价值理念、成本效益理念以及计量属性理念五个方面。在此基础上，本章详细介绍财务报告分析的基本方法，即包括趋势分析法、比率分析法、因素分析法以及比较分析法。其后，将上述基本方法进行细化，全面而不失重点地介绍主要的财务指标，具体包括偿债能力、盈利能力、营运能力与发展能力基本指标，以及综合指标与

上市公司的特殊指标，并阐述了相关财务指标的局限性。最后，阐释了财务报告分析的企业外部信息来源和内部信息来源。

思考题

1. 从投资者角度分析财务报告分析的动因有哪些？
2. 简述财务报告分析的作用。
3. 按照资金运动进行分类，财务报告分析包括哪些内容？
4. 在财务报告分析中，应树立哪些基本理念？
5. 简述因素分析法和比较分析法。
6. 主要的偿债能力指标包括哪些？如何计算上述指标？
7. 主要的盈利能力指标包括哪些？如何计算上述指标？
8. 主要的营运能力指标包括哪些？如何计算上述指标？
9. 主要的发展能力指标包括哪些？如何计算上述指标？
10. 财务指标存在哪些潜在的局限性？
11. 财务报告分析的企业外部信息来源主要有哪些？

第二章 ● ● ●

资产负债表分析

第一节　资产负债表概述

一、资产负债表的内涵

资产负债表是反映企业在某一特定日期财务状况的会计报表。资产负债表是反映企业在某一时点所拥有或控制的经济资源、所承担的现时义务和所有者对净资产的要求权。它是根据"资产＝负债＋所有者权益"这一会计恒等式，按照一定的分类标准和一定的顺序，把企业特定日期的资产、负债和所有者权益各项目予以适当排列，并对日常工作中形成的大量数额整理后编制而成。由于资产负债表反映的是某一时点的情况，所以又称为静态报表。

资产负债表是企业最重要的财务报表之一，是报告分析者借以了解企业财务状况、生产经营能力、偿债能力和资产流动性等并做出相应决策的重要工具。资产负债表的作用主要体现在以下四个方面。第一，提供企业拥有或控制的能用货币表现的经济资源及其分布情况。资产负债表可以提供特定日期（时点）资产总额及其结构，从而可以进一步分析企业的资产质量并对企业未来的经营发展情况进行预测。第二，反映企业资金来源和构成情况。资产负债表右方提供了企业资金来源，即权益总额及其构成。第三，反映企业偿债能力。资产负债表能够将企业流动资产、速动资产与流动负债联系起来，可以评价企业的短期债能力。第四，反映企业财务状况发展趋势。通过对不同时点资产负债表的比较，可以对企业财务状况的发展趋势做出判断。我们可以认为企业某一特定日期（时点）的资产负债表对信息使用者的作用极其有限，只有把不同时点的资产负债表结合起来，才能把握企业财务状况的发展趋势。同样，将不同企业同一时点的资产负债表进行对比，还可对不同企业的相对财务状况做出评价。

二、资产负债表的格式

根据"资产＝负债＋所有者权益"会计恒等式编制资产负债表时，按照资产、负债和所有者权益的排列形式不同，资产负债表主要有三种格式：账户式、报告式和财务状况式三种情况。为方便使用者通过比较不同时点资产负债表的数据，掌握企业财务状况的变动情况及其发展趋势，企业需要提供比较资产负债表，例如，资产负债表还应将各项目分为"年初余额"和"期末余额"两栏分别填列。其中，账户式与报告式两个格式的资产负债表较为常见，为此本书将列示两种资产负债表的格式。

（一）账户式资产负债表

账户式资产负债表又称横式资产负债表，它依据"资产＝负债＋所有者权益"会计恒等式，利用账户形式列示各类项目，即在报表的左方列示资产类的各个项目数额，而在其右方列示负债类和所有者权益的各个项目数额，其中负债类项目列在报表右方的上半部分，所有者权益项目列在报表右方的下半部分，并使资产负债表左右两方的数额保持平衡。

我国的资产负债表格式一般采用账户式，这种方式简单直接，一目了然，便于编制、检查、阅读和理解。根据财政部于 2019 年 9 月新颁布的《关于修订印发合并财务报表格式（2019 版）的通知》（财会〔2019〕16 号），我国广泛采用的资产负债表格式具体如表 2 - 1 所示。

表 2 – 1　　　　　　　　**合并资产负债表**

会合 01 表

编制单位：　　　　　　　　＿＿＿＿年＿月＿日　　　　　　　　单位：元

资产	期末余额	上年年末余额	负债和所有者权益（或股东权益）	期末余额	上年年末余额
流动资产：			流动负债：		
货币资金			短期借款		
结算备付金 *			向中央银行借款 *		
拆出资金 *			拆入资金 *		
交易性金融资产			交易性金融负债		
衍生金融资产			衍生金融负债		
应收票据			应付票据		
应收账款			应付账款		
应收款项融资			预收款项		
预付款项			合同负债		
应收保费 *			卖出回购金融资产款 *		
应收分保账款 *			吸收存款及同业存放 *		
应收分保合同准备金 *			代理买卖证券款 *		
其他应收款			代理承销证券款 *		
买入返售金融资产 *			应付职工薪酬		
存货			应交税费		
合同资产			其他应付款		
持有待售资产			应付手续费及佣金 *		
一年内到期的非流动资产			应付分保账款 *		
其他流动资产			持有待售负债		
流动资产合计			一年内到期的非流动负债		
非流动资产：			其他流动负债		
发放贷款和垫款 *			流动负债合计		
债权投资			非流动负债：		
其他债权投资			保险合同准备金 *		
长期应收款			长期借款		
长期股权投资			应付债券		
其他权益工具投资			其中：优先股		
其他非流动金融资产			永续债		
投资性房地产			租赁负债		

续表

资产	期末余额	上年年末余额	负债和所有者权益（或股东权益）	期末余额	上年年末余额
固定资产			长期应付款		
在建工程			预计负债		
生产性生物资产			递延收益		
油气资产			递延所得税负债		
使用权资产			其他非流动负债		
无形资产			非流动负债合计		
开发支出			负债合计		
商誉			所有者权益（或股东权益）：		
长期待摊费用			实收资本（或股本）		
递延所得税资产			其他权益工具		
其他非流动资产			其中：优先股		
非流动资产合计			永续债		
			资本公积		
			减：库存股		
			其他综合收益		
			专项储备		
			盈余公积		
			一般风险准备*		
			未分配利润		
			归属于母公司所有者权益（或股东权益）合计		
			少数股东权益		
			所有者权益（或股东权益）合计		
资产总计			负债和所有者权益（或股东权益）总计		

注：标注"＊"的项目为金融企业专用行项目。本质上合并资产负债表与独立企业的资产负债表在报表项目的内容上没有差异，为此，本书以合并资产负债表格式作为说明资产负债表的格式说明。

（二）报告式资产负债表

报告式资产负债表又称竖式资产负债表，它依据"资产－负债＝所有者权益"会计等式，自上而下列示各类项目，即资产类项目列在最上方，负债类项目列在中间，所有者权益项目列在最下方。参考上文中表2－1的合并资产负债表的内容，报告式资产负债表的基本格式如表2－2所示。

表 2 – 2　　　　　　　　　　　合并资产负债表

编制单位：　　　　　　　　　　年　月　日

会合 01 表
单位：元

项目	期末余额	上年年末余额
流动资产：		
货币资金		
结算备付金 *		
拆出资金 *		
交易性金融资产		
衍生金融资产		
应收票据		
应收账款		
应收款项融资		
预付款项		
应收保费 *		
应收分保账款 *		
应收分保合同准备金 *		
其他应收款		
买入返售金融资产		
存货		
合同资产		
持有待售资产		
一年内到期的非流动资产		
其他流动资产		
流动资产合计		
非流动资产：		
发放贷款和垫款 *		
债权投资		
其他债权投资		
长期应收款		
长期股权投资		
其他权益工具投资		
其他非流动金融资产		
投资性房地产		

续表

项目	期末余额	上年年末余额
固定资产		
在建工程		
生产性生物资产		
油气资产		
使用权资产		
无形资产		
开发支出		
商誉		
长期待摊费用		
递延所得税资产		
其他非流动资产		
非流动资产合计		
资产总计		
流动负债：		
短期借款		
向中央银行借款		
拆入资金		
交易性金融负债		
衍生金融负债		
应付票据		
应付账款		
预收款项		
合同负债		
卖出回购金融资产款 *		
吸收存款及同业存放 *		
代理买卖证券款 *		
代理承销证券款 *		
应付职工薪酬		
应交税费		
其他应付款		
应付手续费及佣金 *		

续表

项　目	期末余额	上年年末余额
应付分保账款 *		
持有待售负债		
一年内到期的非流动负债		
其他流动负债		
流动负债合计		
非流动负债：		
保险合同准备金 *		
长期借款		
应付债券		
其中：优先股		
永续债		
租赁负债		
长期应付款		
长期应付职工薪酬		
预计负债		
递延收益		
递延所得税负债		
其他非流动负债		
非流动负债合计		
负债合计		
所有者权益（或股东权益）：		
实收资本（或股本）		
其他权益工具		
资本公积		
减：库存股		
其他综合收益		
专项储备		

续表

项目	期末余额	上年年末余额
盈余公积		
一般风险准备*		
未分配利润		
归属于母公司所有者权益（或股东权益）合计		
少数股东权益		
所有者权益（或股东权益）合计		
负债和所有者权益（或股东权益）总计		

注：标注"＊"的项目为金融企业专用行项目。

如表 2－1 与表 2－2 所示，两种不同格式的资产负债表的内容相同，只是列式的格式有所差异，主要内容包括表头与正表两部分内容。表头部分包括报表名称、编制单位、编制日期和货币计量单位等内容。正表是资产负债表的主体和核心所在。它采用账户式左右对称格式排列，左方为资产右方为负债和所有者权益。资产负债表依据的是"资产＝负债＋所有者权益"这个会计恒等式，所以资产负债表左方项目金额总计与右方项目金额总计必须相等，始终保持平衡。资产负债表既可以清晰地反映企业资产的构成和来源，又可以充分反映其转化为现金的能力，以及企业的偿债能力和财务弹性，并明确划分不同投资者的权益界限，适应了不同报告分析者对各种信息的需求。

值得注意的是，参考国内诸多相关教材，资产的定义可以归纳为企业拥有或控制、由过去的交易引起、能够用货币计量且能够为企业带来未来经济利益。该定义的实质是指资产能够用货币表现的经济资源。然而，在资产负债表中仍存在很难用、不宜用或者不能用货币表现的各种资源。企业的人力资源难以较为全面地计入资产负债表，尤其是未来期间的人力资源情况。人力资源的成长过程是一个社会活动过程，而不是一个家庭内的活动过程。即使一个特定单位为引进一个人才付出了很大代价，也不能完全等同于买下了这个人力资源。同时，人力资源在一个企业里的服务期很难预计。假设我们能够确定引进企业总裁的成本即取得成本的具体金额，但服务期并不能确定，因为高管与企业的关系即使是合同约定的关系，也可能提前解约或连续任职。所以，到现在为止，尽管人力资源已经在概念上属于无形资产了，但人力资源在报表里还是没有作为资产入账。鉴于此，资产负债表里的资产仅仅是可以用货币表现的资源。

第二节　资产负债表的基本分析

企业资产负债表的基本分析通常包括水平分析和垂直分析两个方面。

一、资产负债表水平分析

资产负债表水平分析是将资产负债表中各项目不同时期的数据进行比较，计算其变动的增减情况，分析其增减变化的原因，借以判断企业财务状况变化趋势的分析方法。企业通常通过比较资产负债表的相关项目对资产负债表进行水平分析。采用水平分析法，要联系企业生产经营活动的发展变化，将各项目的增减变化同企业产值、销售收入等生产成果指标的增减变化相对比，判断增资与增产、增收之间是否协调，资产运营效率是否提高。

（一）货币资金增减变动分析

企业货币资金的增减变动，可能受以下因素的影响。

第一，销售规模的变动。企业销售规模发生变动，货币资金规模也会随之发生变动，二者之间具有一定的相关性。

第二，信用政策的变动。如果企业采用严格的信用政策，提高现销比例，可能会导致货币资金规模提高。

第三，为支出大笔现金做准备。如准备派发现金股利、偿还将要到期的巨额银行借款或集中购货等，这都会增加企业货币资金规模。但是这种需要是暂时的，货币资金规模会随着企业现金的支付而降低。

（二）应收账款增减变动分析

在流动资产和销售收入不变的情况下，应收账款的绝对额增加了，表明企业变现能力在减弱，承担的风险增大，其占用比重就不合理。如果应收账款的增长与流动资产增长和销售收入增长相适应，表明应收账款占用才相对合理。

（三）存货增减变动分析

各类存货在企业再生产过程中的作用是不同的，其中，原材料是维持再生产活动的必要物质基础，所以应把它限制在能够保证再生产正常进行的最低水平上；产成品是存在于流通领域的存货，它不是保证再生产过程持续进行的必要条件。因此企业必须压缩到最低限度，而在产品存货是保证生产过程持续进行的存货，企业的生产规模和生产周期决定了在产品的存量。在企业正常经营条件下，在产品应保持一个稳定的比例。一个企业在正常情况下，其存货结构应保持相对稳定性，应特别注意对变动较大的项目进行重点分析。存货增加应以满足生产与无产品积压为前提，存货减少应以压缩库存量、加速周转、不影响生产为前提。

（四） 固定资产增减变动分析

固定资产增减变动分析主要是对固定资产增长情况、更新情况、报废情况及损失情况进行分析。在评价企业固定资产更新的规模和速度时，也应结合企业的具体情况进行分析。如果企业是为了保持一定的生产规模和生产能力，必须对设备进行更新是合理的；如果更新设备只是为了盲目扩大生产就不合理了。

（五） 无形资产增减变动分析

无形资产增减变动，从发展趋势上看，应当呈上升态势，无形资产增幅越大，表明企业可持续发展能力越强。

（六） 流动负债增减变动分析

流动负债增减变动分析，主要是通过流动负债各项目的增减变动，分析企业短期融资渠道的变化情况及偿债压力的大小，借以判断企业短期资金的融资压力对企业生产经营活动的影响。

（七） 非流动负债增减变动分析

非流动负债增减变动分析主要是通过非流动负债各项目的增减变动，分析企业长期融资渠道的变化情况，借以判断企业长期资金的融资能力。

（八） 所有者权益增减变动分析

所有者权益增减变动分析主要是针对所有者权益变动的分析。引起所有者权益增减变动的主要原因包括增加（或减少）注册资本，资本公积的增减变化、留存收益的增加（或减少）等内容。通过对所有者权益增减变动分析，可进一步了解企业对负债偿还的保证程度和企业自己积累资金和融通资金的能力与潜力。

二、资产负债表垂直分析

资产负债表垂直分析又称构成分析或共同基准分析法，是将资产负债表各项目与总额相比，计算出各项目占总体的比重，并将各项目的构成与历年数据、与同行业先进水平的企业进行比较，分析其变动的合理性及其原因，借以进一步判断企业财务状况发展趋势的分析方法。通过垂直分析可知企业的行业特点、经营特点和技术装备特点，如工业企业的非流动资产往往大于流动资产，而商业企业的情况正好相反。另外，在同一行业中，流动资产长期股权投资所占的比重大小也可以反映出企业的经营特点，流动资产和负债较低的企业稳定性更强，且具有较强的灵活性；而那些非流动资产和负债占较大比重的企业底子较厚，但调头难；长期股权投资较高的企业，投资收益和风险要高；无形资产持有多的企业，开发创新能力强；而固定资产折旧比例较高的企业，技术更新换代快。

判断流动资产构成比重是否合理没有一个绝对的标准，必须与固定资产和其他资产构成比重结合起来，联系生产经营额的变化进行分析。在固定资产和其他资产不变的情况下，流动资产比重提高使生产经营额大幅度增长，说明流动资产在资产总额中所占比重较为合理，但如果流动资产比重提高速度快于生产的增长速度，使单位增加值占用的资产额比上期增加，说明资金利用效益下降，流动资产在资产总额中所占比重不合理。

同时，流动资产构成比重是否合理还应结合企业利润进行分析。如果流动资产在资产总额中比重提高了，企业的营业利润也相应地增长了，说明流动资产在资产总额中所占比重较为合理。如果流动资产比重提高了，生产额增长了，利润却不增长，说明企业生产的产品销售可能不佳，经营状况趋势不好。保持流动资产的合理结构有利于增强资产的流动性和应变能力、增强企业的偿债能力。由于各行业生产经营情况不一样，流动资产在资产总额中所占的比重也不一样，应根据行业企业的具体情况来判断分析的合理程度。此外，企业还可通过货币资金、交易性金融资产、应收账款、其他应收账款以及存货等项目占流动资产总额的比重，分析流动资产的内部各项目发生了哪些变化，从而得出各项目构成是否合理的判断。

【例2－1】根据ZH公司20×9年12月31日资产负债表（见表2－3）

的有关资料，对该公司的资产负债表进行水平与垂直分析。

表 2-3　　　　　　　　ZH 公司 20×9 年 12 月 31 日资产负债表　　　　　单位：元

资产	期末余额	上年年末余额	负债和所有者权益（或股东权益）	期末余额	上年年末余额
流动资产：			流动负债：		
货币资金	3 841 953 466.28	3 399 406 479.30	短期借款	5 027 404 032.37	4 171 144 651.23
结算备付金			向中央银行借款		
拆出资金			拆入资金		
交易性金融资产			交易性金融负债		
衍生金融资产	28 295 292.80		衍生金融负债		
应收票据	1 182 860.00	16 531 732.15	应付票据	268 546 773.60	
应收账款	917 745 309.06	720 535 785.04	应付账款	1 615 320 253.42	1 425 347 534.90
应收款项融资			预收款项	1 689 576.90	940 322.71
预付款项	282 527 948.22	334 943 691.76	合同负债	28 129 640.47	58 337 659.80
应收保费			卖出回购金融资产款		
应收分保账款			吸收存款及同业存放		
应收分保合同准备金			代理买卖证券款		
其他应收款	345 892 275.07	271 702 693.16	代理承销证券款		
买入返售金融资产			应付职工薪酬	351 715 073.34	291 049 800.16
存货	758 775 062.23	908 309 773.01	应交税费	139 453 757.87	26 195 945.99
合同资产	460 221 278.58	1 036 318 358.25	其他应付款	695 060 539.03	431 627 137.70
一年内到期的非流动资产	27 230 702.83	12 874 431.16	应付股利	17 036 446.94	74 545 519.27
			应付手续费及佣金		

续表

资产	期末余额	上年年末余额	负债和所有者权益（或股东权益）	期末余额	上年年末余额
其他流动资产	153 551 415.79	105 135 380.43	应付分保账款		
流动资产合计	6 789 080 318.05	6 805 758 324.25	持有待售负债		
非流动资产：			一年内到期的非流动负债	3 973 908 639.18	4 259 301 342.35
发放贷款和垫款			其他流动负债		
债权投资			流动负债合计	12 101 228 286.18	10 663 944 394.85
其他债权投资			非流动负债：		
长期应收款	1 206 310 070.10	1 418 282 327.23	保险合同准备金		
长期股权投资	5 431 171 381.12	5 104 079 153.60	长期借款	16 979 015 884.64	18 410 647 767.39
其他权益工具投资	388 510 115.74	262 912 828.51	应付债券	2 443 607 467.25	2 441 426 570.24
其他非流动金融资产			租赁负债	2 102 400 268.20	
投资性房地产	49 699 427.68	20 860 402.22	长期应付款	1 067 462 051.35	1 087 400 429.34
固定资产	46 863 504 518.92	47 947 265 494.82	长期应付职工薪酬	198 729 291.22	153 929 023.19
在建工程	1 300 534 288.69	377 949 927.85	预计负债	9 810 630.06	
生产性生物资产			递延收益		
油气资产			递延所得税负债	419 906 653.81	358 505 499.17
使用权资产	2 295 443 859.63		其他非流动负债	618 610 315.01	345 334 310.79
无形资产	72 204 286.14	74 844 618.86	非流动负债合计	23 839 542 561.54	22 797 243 600.14
开发支出			负债合计	35 940 770 847.73	33 461 187 994.99
商誉	71 858 210.91	71 858 210.91	所有者权益（或股东权益）：		
长期待摊费用	12 446 747.43	17 514 195.00	实收资本（或股本）	3 951 392 203.78	3 951 392 203.78
递延所得税资产	44 261 442.23	46 616 613.92	其他权益工具		
其他非流动资产			资本公积	7 420 362 007.80	7 408 148 697.50

续表

资产	期末余额	上年年末余额	负债和所有者权益（或股东权益）	期末余额	上年年末余额
非流动资产合计	57 735 944 348.59	55 342 183 772.91	减：库存股		
			其他综合收益	259 034 773.87	285 952 381.97
			专项储备	6 062 359.27	24 349 139.13
			盈余公积	2 819 887 619.51	2 819 887 619.51
			一般风险准备		
			未分配利润	13 105 501 567.82	13 138 057 604.24
			归属于母公司所有者权益合计	27 562 240 532.05	27 627 787 646.14
			少数股东权益	1 022 013 286.85	1 058 966 456.04
			所有者权益合计	28 584 253 818.91	28 686 754 102.18
资产总计	64 525 024 666.64	62 147 942 097.17	负债和所有者权益总计	64 525 024 666.64	62 147 942 097.17

从表 2-3 中可以看到，从总体上看，ZH 公司规模在不断扩大，20×9 年公司的资产总额比 20×8 年增加了 237 708 万元，增长率为 3.82%。在流动资产中，变动幅度较大的项目主要包括货币资金、应收票据、应收账款、预付款项与其他应收款等项目，变动金额分别为 44 255 万元、-1 535 万元、19 721 万元、-5 242 万元与 7 419 万元，变动比例分别为 13%、-93%、27%、-16% 与 27%。上述分析结果表明尽管 ZH 公司的流动资产总体上并未发生较大变化，但具体项目存在较大的变化，表明其经营模式与经营业务存在一定的变化，为深入分析其财务报告提供了重要的线索。在非流动资产中，使用权资产增加 229 544 万元，而上期该项目的金额却为 0，主要为 ZH 公司采用了新的会计政策，导致该项目的增加。

ZH 公司 20×9 年负债总额比 20×8 年增加了 247 958 万元，增长率为 7%。其中，流动负债增加了 143 728 万元，增长率为 13%；非流动资产增加了 104 230 万元，增长率为 5%。值得注意的是，ZH 公司所有者权益减少 10 250 万元。在流动资产中，短期借款、应付账款与应交税费增长金额分别为 85 626 万元、18 997 万元与 11 326 万元，增长率分别为 21%、13% 与 432%，而应付票据当期余额为 26 343 万元，一年内到期的非流动负债减少 28 539 万元，变动比例为 -7%。非流动资产的变动项目主要包括长期借款、租赁负债、长期应付职工薪酬与其他非流动负债，上述项目的变动金额分别为 –143 163 万元、210 240 万元、4 480 万元与 27 328 万元。其中，长期借款、长期应付职工薪酬与其他非流动负债的变动比例分别为 –8%、29% 与 79%，而租赁负债上期金额为零。ZH 公司资产负债表的水平分析结果表明其经营方式存在一定的变化，新增财务报表项目的金额也表明其在 20×9 年存在适用新会计准则的业务，从而为对 ZH 公司财务报告的深入分析提供了一定的方向。

根据 ZH 公司资产负债表的垂直分析结果可知，在资产构成中，流动资产仅占 10.5%，而非流动资产则高达 89.5%，其中，货币资金占总资产的 6%，固定资产占总资产的 73%，长期股权投资的占比为 8%。结合 ZH 公司处于远洋运输行业的背景，上述资产结构与行业特征基本相符。同时，从资金来源的角度分析，ZH 公司的资产负债率为 56%，其中，流动资产占资产的比例为 19%，长期借款的占比为 26%，表明 ZH 公司的偿债能力较强。

第三节　资产负债表重点项目分析

一、流动资产重点项目分析

（一）货币资金质量分析

货币资金是指企业以货币形态存在的资金，它具有可立即作为支付手段并被普遍接受等特性。资产负债表中反映的货币资金，包括库存现金、银行结算账户存款、外埠存款、银行汇票存款、银行本票存款、信用证存款、信用卡存款和在途资金等，货币资金的特点为流动性极强，且在企业持续经营过程中随时有增减的变化。

货币资金质量主要是指企业对货币资金的运用质量及企业货币资金的构成质量。为维持企业经营活动的正常运转，企业必须持有一定量的货币资金。由于货币资金是一种非营利资产，持有量过多，表明企业资金使用效率较低，会降低企业的盈利能力，在浪费投资机会的同时，还会增加企业的筹资成本，也必然会造成资金浪费。持有量过少，则意味着企业缺乏资金，不能满足企业交易性动机、预防性动机、投机性动机的需要，将会影响企业的正常经营活动，制约企业发展，进而影响企业的商业信誉，增加企业财务风险。因此，在对货币资金质量进行分析时，可结合下列因素评价企业货币资金持有量是否合理。

第一，企业资产规模与业务量。通常情况下，企业资产规模越大，货币资金持有规模也越大，企业业务量越多，则处于货币资金形态的资产也就越多。

第二，企业筹资能力。一般地，如果企业信誉较好，筹资渠道畅通多样，就没有必要持有大量货币资金。

第三，企业有效运用货币资金的能力。如果企业较多的资金仅仅停留在货币形态，意味着只能用于支付，表明企业管理人员生财无道。如果企业经营者利用货币资金能力较强，则可维持较低的货币水平，将资金用于投资活动，这样就盘活了资金利用形态，提高了企业的盈利水平。

第四，企业所处的行业特点。处于不同行业的企业，货币资金合理规模存在差异，有的甚至差别很大。即使在相同的资产规模条件下，也不可能保持相近规模货币资金，如银行业、保险业与工业企业。

除了从货币资金持有量是否合理角度分析货币资金质量外，还可从货币资金构成质量对货币资金质量进行分析。企业资产负债表上的货币资金金额代表了资产负债表日企业的货币资金拥有量。在企业的经济业务仅仅用记账本位币来完成的条件下，由于资产负债表金额的时点特性及货币资金所具有的自动与资产负债表日的货币购买力相等的特性，使得人们从资产负债表日企业的货币资金拥有量本身难以显示出企业货币资金的质量。

但必须强调的是，在货币资金金额一定的条件下，仍然有可能对企业货币资金的结构进行分析，在企业的经济业务涉及多种货币、企业的货币资金有多种货币的情况下，由于不同货币币值有不同的未来走向，不同货币币值的走向决定了相应货币的"质量"。此时，企业保有的各种货币进行汇率趋势分析，就可以确定企业持有的货币资金的未来质量。

【例 2-2】根据上文 ZH 公司 20×9 年 12 月 31 日资产负债表（见表 2-3)有关资料，编制货币资金变动情况分析如下：

从表 2-3 中可以看到，20×9 年该公司货币资金为 384 195 万元，较 20×8 年的 339 941 万元增长了 44 255 万元，增长幅度为 13%；从结构来看，20×9 货币资金占资产总额的比重为 6%，较 20×8 年的 5% 降低了近 1 个百分点。无论从变动量、变动率还是占总资产的结构来看，该公司货币资金均发生了一定的变化。

（二）交易性金融资产质量分析

交易性金融资产是指企业持有的以公允价值计量且其变动计入当期损益的金融资产，包括企业为交易目的所持有的债券投资、股票投资、基金投资、权证投资等。另外，企业持有的直接指定为以公允价值计量且其变动计入当期损益的金融资产也归入交易性金融资产。交易性金融资产科目是2006年企业会计准则新增加的科目，主要是为了适应股票、债券、基金等市场交易，取代了原来的短期投资。交易性金融资产的一大特点是企业可根据需要随时将其转化为货币资金，其流动性仅次于货币资金，即交易性金融资产的公允价值能够通过市场获取。

在分析交易性金融资产的质量时，首先，应分析所持有的交易性金融资产的风险大小，尤其是对股票风险大小的分析。通常情况下，债券投资风险小，股票投资风险较大。其次，应当注意交易性金融资产的公允价值是否公允，这可通过分析同期利润表中的"公允价值变动损益""投资收益"及其在会计报表附注中的相关内容对该项目的详细说明，通过把握因交易性金融资产投资而产生的公允价值损益确定该项资产的盈利能力。最后，应当注意交易性金融资产成本的确定。交易性金融资产的取得成本是企业为取得交易性金融资产时实际支付的全部价款，包括税金、手续费等相关费用。但下列实际支付的价款中所包含的股利和利息不构成投资成本：一是短期股票投资实际支付的价款中包含的已宣告而尚未领取的现金股利（不包括股票股利）；二是短期债券投资实际支付的价款中包含的已到期而尚未领取的债权的利息。

（三）应收票据质量分析

应收票据是指企业因销售商品、产品或提供劳务等所收到的商业汇票，包括银行承兑汇票和商业承兑汇票。按照相关票据管理制度的规定，应收票据的期限一般为3~6个月，最长不得超过6个月。应收票据因有明确的承兑人背书承兑，收到款项的可能性极大。尤其是银行承兑汇票，其信用程度更高，风险更小。在到期之前企业如果需要资金，可将持有的商业汇票背书后向银行或其他金融机构办理贴现取得现金，因而也会在另一个方面保证其具有较强的变现性。

在分析应收票据的质量特征时，在强调其具有较强的变现性的同时，一方面必须关注其可能给企业的财务状况造成的负面影响。例如，我国现阶段的相关法律制度规定，如果票据承兑人到期不能兑付，背书人附有连带付款责任。

这样，对企业而言，已贴现的商业汇票就是一种或有负债，若已贴现的应收票据金额过大，也可能会对企业的财务状况带来较大影响。因此，在分析该项目时，应结合会计报表附注中的相关披露，以了解企业是否存在已贴现的商业汇票，据此判断其是否会影响到企业将来的偿债能力。另一方面，由于应收票据不可计提坏账准备，从而可关注接近会计期末时企业是否有将应收账款转为应收票据的行为，以达到少提坏账准备的目的，或将应收票据转为应收账款以多提坏账准备。

（四）应收账款质量分析

应收账款是指企业因赊销商品、材料、提供劳务等应向购货单位或接受劳务单位收取的款项。应收账款是企业货币资金收入的重要来源。就其性质来讲，是企业的一项资金垫支，是为了扩大销售和增加盈利而发生的，它不会给企业带来直接利益，占用数额过大，又会使存货及其他资产占用资金减少，使企业失去取得收益的机会，造成机会成本、坏账损失和收账费用增加。因此，应尽量减少其占用数额。应收账款应控制在多大数额为宜，这要取决于销售中赊销的规模、信用政策、收款政策及市场经济情况等因素。一般地，可从以下四个方面分析应收账款质量。

第一，应收账款的账龄。应收账款账龄分析是指对债务人欠账款的时间长短进行分析。应收账款账龄分析法是最为传统的一种应收账款质量分析法。这种方法通过对应收账款的形成期间进行分析，进而对不同账龄的应收账款分别判断质量。通常来讲，应收账款账龄长短与发生坏账可能性的大小成正比。账龄越长的应收账款发生坏账的可能性越大，反之，账龄越短的应收账款发生坏账的可能性越小。

第二，债务人的构成。在很多情况下，企业应收账款的质量不仅与应收账款的账龄有关，也与债务人的构成有关。因此，在有条件的情况下，可以通过对债务人的构成分析来对应收款的质量进行分析。可以从以下四个方面来对债务人的构成进行分析。

一是债务人的区域。处于经济发展水平较高、法制较健全地区的债务人具有较好的债务偿还心态和偿还能力，应收账款的可收回性强；反之，处于经济发展水平较为落后、经济环境较差地区的债务人，其还款能力较差。如果该地区经常发生战争或自然灾害，其债务随时可能化为乌有。二是债务人的所有权性质。不同所有制的企业，其对自身债务的偿还心态及偿还能力也有较大的差异。许多企业的实践已经证明了这点。三是债权人与债务人的关联状况。企业可以把债务人分为关联方债务人和非关联方债务人；债权人对非关联方债务人的债务求偿的主动性较强，回款的可能性较大；由于关联方彼此之间在债权债务方面可能存在人为的操纵，债权人对关联方债务人的债务偿还状况应予以足够的重视。四是债务人的稳定性。债务人的稳定性可以从他的长期经营活动来判断。如果企业长期经营状况良好，信誉较高，对债务及时清偿，则可信度较高；反之，如果企业的外部评价差，信誉不佳，有不良记录或经营状况不稳定，则偿债能力较弱。

第三，应收账款的流动性。应收账款的流动性决定了其变现能力。在分析时，可采用应收账款周转天数、应收账款周转次数、赊销与现销的比例等指标进行衡量。在一定的赊账政策条件下，企业应收账款周转天数越长，债权周转速度就越慢，债权的变现性也就越差。

第四，应收账款的坏账处理政策。坏账是指企业无法收回或收回的可能性极小的应收账款。由于发生坏账而产生的损失，称为坏账损失。企业应当定期或至少于年度终了时对应收账款进行检查，并预计可能发生的坏账损失。根据我国企业会计准则的相关规定，对预计可能发生的坏账损失应采用备抵法进行计提，但计提比例可由企业自行决定。分析坏账准备的重点在于考虑其计提范围、方法和比例是否合理。这就要求关注报表附注所披露的坏账准备政策，如果计提坏账准备的比例偏低，则可能有潜亏挂账之嫌；若计提坏账准备的比例高，且有没有具体原因，则可能存在人为增加当期费用以调节利润的意图。同时，也应注意企业前后会计期间坏账准备的计提方法是否发生变更。根据我国企业会计准则的相关规定，企业坏账准备的计提方法一经确定，不得随意变更。如果企业计提坏账准备的方法发生变更，应首先看报表附注是否有关于坏账准备计提方法变更理由的说明，再分析变更的理由是否合理，是否为正常的会计政策变更还是意在人为地调节利润。

【例2-3】根据上文ZH公司20×9年12月31日资产负债表（见表2-3）的有关资料，对该公司的应收账款及其变动情况进行分析。

从表2-3中可以看到，20×9年该公司应收账款为91 775万元，较20×8年的72 054万元增加了19 721万元，增加幅度为27%。从结构来看，20×9年应收账款占资产总额的比重为1.42%，较20×8年的1.12%增加了0.3个百分点，从变动量和变动率来看，该公司应收账款均发生了一定的变化。

（五）其他应收账款质量分析

其他应收账款是指企业除应收票据、应收账款和预付账款等以外的其他各种应收、暂付款项，是由企业非购销活动所产生的应收债权，包括企业拨出的备用金，应收的各种赔款、罚款，应向职工收取的各种垫付款项，以及已不符合预付账款性质而按规定转入的预付账款等。其他应收账款具体内容主要包括：①应收的各种赔款、罚款；②应收出租包装物租金；③应向职工收取的各种垫付款项；④备用金（向企业各职能科室、车间等拨出的备用金）；⑤存出保证金，如租入包装物所支付的押金；⑥预付账款转入，同时包括其他各种应收与暂付款项等项目。

值得注意的是，其他应收账款仅仅是暂付款，一般期限较短。如果企业生产经营活动正常，其他应收账款的数额不应该接近或大于应收账款。若其他应收账款数额过大，则属于不正常现象，可能是产生了一些不明原因的占用。因此，企业经营管理者应及时了解其他应收款的情况，及时发现问题，找出原因，采取措施。

在分析其他应收账款时，要通过报表附注仔细分析它的构成、内容、发生的时间和账龄，特别是其中金额较大、时间较长的款项，要警惕企业利用该项目粉饰利润及转移销售收入，甚至是偷逃税款等事项。在实际工作中，一些企业为了种种目的，常常把其他应收账款作为企业调整成本费用和利润的手段，把一些本应计入当期费用的支出或本应计入其他项目的内容放在其他应收账款。因此，在分析其他应收账款时，最主要的是观察企业应收账款的增减变动趋势，如果发现企业的其他应收账款余额过大甚至超过应收款，就应注意分析是否存在操纵利润的情况。

【例 2-4】根据上文 ZH 公司 20×9 年 12 月 31 日资产负债表（见表 2-3)的有关资料，对该公司的其他应收账款及其变动情况进行分析。

从表 2-3 中可以看到，20×9 年该公司其他应收账款为 34 589 万元，较 20×8 年的 27 170 万元增加了 7 419 万元，增加幅度为 27%。鉴于此，ZH 公司 20×9 年其他应收款存在较大的变动，而其他应收款核算的内容相对较为复杂，为后续深入分析 ZH 公司的财务报告提供了一定的方向。

（六）存货质量分析

存货是指企业日常活动中持有以备出售的产成品或商品，或者仍然处在生产过程的在产品，或在生产过程或提供劳务过程中将消耗的材料或物料等，包括各类原材料、委托加工材料、在产品、半成品、库存商品、发出商品等。从上述存货定义中可以看到，存货的最基本特征是企业持有存货的最终目的是出售，而不是自用或者消耗。这特征使存货明显区别于固定资产等长期资产。

存货往往在企业流动资产中占有较大的比重，是企业收益形成的直接基础或直接来源，但是存货过多会占用较多的资金，并且会增加包括仓储费、保险费、维护费、管理人员工资等在内的开支。因此，要加强对企业存货的管理，使得存货成本与存货效益两者之间达到最佳结合。通常地，可以从以下几个方面对存货质量进行分析。

第一，存货的真实性。存货是企业重要的实物资产。因此，一方面，应经常对库存的实物存货价值与账面价值进行核对，看其是否账实相符；另一方面，应检查企业代售商品是否完好无损，在产品、产成品等是否符合相关等级要求，库存的材料是否为生产经营所需，以分析企业存货的真实性和合理性。对存货真实性的分析，可以初步确定企业存货的状态，为分析存货的可利用价值、周转价值和变现价值奠定基础。

第二，存货的计价。存货的计价方法对存货项目的分析至关重要。存货发出采用不同的计价方法，对企业财务状况和经营成果均会产生不同的影响。常见发出存货的计价方法有：先进先出法、加权平均法和个别计价法。由于不同的存货计价方法得出的计价结果不相同。因此，存货计价方法的选择关系到企业损益计算和存货估价的可靠性，进而影响资产负债表有关项目数额的计算，将对企业的财务状况和经营成果产生一定的影响，例如，流动资产与所有者权益等项目，也直接影响企业当期的税负水平。不同存货计价方法在通货膨胀期间会对资产负债表和利润表产生影响，在实务中，一些企业往往会利用不同的存货计价方法，实现其盈余管理或利润操纵目的。因此，在对企业资产和利润进行分析时应予以关注。

第三，存货的结构。存货结构是指各类存货在存货总额中的比重。存货主要分为库存材料在产品和产成品等。不同类别存货在技术状况、盈利能力和市场前景等方面均有较大的不同。因此，应结合会计报表附注中的存货明细表进行分析。当原材料占较大比重时往往是较好的预兆。一方面，可能说明企业看好未来销售前景而提前大量采购原材料；另一方面，也可能是企业因原材料将要大幅度涨价而提前进行储备。在分析存货结构时需结合外部市场环境进行综合判断和分析。现代企业都尽量通过各种有效的管理来降低存货规模，以减少资金占用和仓储费用及降低市场变化可能带来的风险，企业代售的产品尤其要少。

第四，存货的周转情况。分析存货周转速度对判断企业存货的变现能力具有重要意义。较高的存货周转速度往往表明企业存货管理效率高，产生现金的能力较强。存货周转速度主要用存货周转次数和存货周转天数两个指标衡量。

在应用这两个指标进行解释和分析时应当注意，若企业的经营活动有明显的季节性，且在期初与期末均处于高潮或低潮，则用平均存货水平来计算的周转速度指标可能不反映真实的情况，这时最好使用月度存货平均余额。此外，不同存货计价方法会影响存货的账面价值，也会影响存货的周转率指标。因此，当企业存货计价方法发生变更或不同企业存货的计价方法不同时，进行趋势分析或进行同行业企业之间的比较时会存在不可比因素。

需要注意的是，衡量企业存货周转率的高低并没有一个绝对的标准，不同行业、同行业的不同企业都存在一定差别，在进行分析时需要将本企业与同行业的平均数进行对比以衡量存货管理效率。

第五，存货期末计价和存货跌价准备。根据《企业会计准则第 1 号——存货》的相关规定，在资产负债表日，企业应当按照存货的成本与可变现净值的高低进行计量。具体而言，对可变现净值低于存货成本的差额计提存货跌价准备，并计入当期损益。在分析存货跌价准备时，要注意存货可变现净值确定的合理性、期末存货数量、存货用途划分的规范性，看企业是否存在前后会计期间存货跌价准备计提标准不一致的情况；同时，还可以从数量上观察企业存货跌价准备各年的变化，以判断企业存货质量的高低。

二、非流动资产重点项目分析

（一）以摊余成本计量的金融资产质量分析

财政部于 2017 年修订发布的《企业会计准则第 22 号——金融工具确认和计量》《企业会计准则第 23 号——金融资产转移》和《企业会计准则第 24 号——套期会计》等三项金融工具会计准则将金融资产改为"三分类"，具体包括以摊余成本计量的金融资产、以公允价值计量且其变动计入其他综合收益的金融资产、以公允价值计量且其变动计入当期损益的金融资产。以摊余成本计量的金融资产主要包括公司债券以及长期应收款等的非衍生金融资产。通常情况下，以摊余成本计量的金融资产的目的主要是通过定期收取利息来获得长期稳定的收益，同时又由于到期收回本金从而在很大程度上降低了投资风险。一般地，可从以下四个方面对以摊余成本计量的金融资产进行分析。

第一，以摊余成本计量的金融资产的账龄。与应收账款等短期债权类似，可以将企业的以摊余成本计量的金融资产按照账龄（即欠账期）长短进行分析。一般来说，超过合同约定的偿还期越长，其可回收性越差，质量也就越低。

第二，以摊余成本计量的金融资产的债务人构成。与短期债权债务人构成分析类似，可以将企业的长期债权投资按照债务人构成进行分析。在此基础上，可对债务人的具体偿还能力做进一步分析。

第三，以摊余成本计量的金融资产的投资收益。以摊余成本计量的金融资产的投资收益为定期收取的利息。无论投资企业是否收到利息，都要按应收利息计入投资收益。应注意的是，由于投资收益的确定通常先于利息的收取，从而会导致投资收益与现金流入出现不一致的情况，这可对利润表中证券投资收益与现金流量表中因利息收入而收到的现金之间的差异进行进一步分析。

第四，以摊余成本计量的金融资产的减值准备。当以摊余成本计量的金融资产发生减值时，应当在将该以摊余成本计量的金融资产的账面价值与预计未来现金流量现值之间的差额确认为减值损失，计入当期损益。已计提减值准备的以摊余成本计量的金融资产价值以后又得以恢复，应在原已计提的减值准备金额内，将计提减值准备的金额转回。但必须注意的是，预计未来现金流量现值的估值计提具有可靠性。注意一些企业可能出于报表粉饰目的，通过少提或多提减值准备的方式来达到虚增或虚减以摊余成本计量的金融资产账面价值和利润的目的。

（二）长期股权投资质量分析

长期股权投资是指企业投出的期限在一年以上（含一年）的各种股权性质的投资，包括股票投资和其他股权投资。股票投资是指企业以购买股票的方式对其他企业所进行的投资。其他股权投资是指除股权投资以外具有股权性质的投资，一般是企业直接将现金、实物或无形资产等投入其他企业而取得股权的一种投资。

企业长期股权投资的目的多种多样，有的是为了控制被投资企业，有的是为建立或维持与被投资企业之间稳定的业务关系，有的意在增强企业多元化经营的能力，但多数情况下是为了增加企业的投资收益。由于长期股权投资期限长、金额大，因而其质量状况对企业财务状况有较大影响。一般地，可从如下三个方面对长期股权投资质量进行分析。

第一，长期股权投资的对象。主要从企业投资对象的投资规模、持股比例等进行分析。通过分析，可以了解企业投资对象的经营状况及其盈利情况，评价企业长期股权投资的质量和风险。

第二，长期股权投资核算方法。长期股权投资核算方法有成本法与权益法。当采用成本法核算时，投资企业的长期股权投资账面价值不随被投资企业当期盈亏上下浮动；而采用权益法核算时，投资企业的长期股权投资账面价值随被投资企业当期盈亏上下浮动，企业所确认的投资收益通常会大于所收到的现金，造成现金流入与投资收益的不一致，这也是企业有账面利润而无现金的一个原因。

第三，长期股权投资减值准备。根据《企业会计准则第 2 号——长期股权投资》的相关规定，企业应于中期期末或年度终了时，对长期股权投资进行全面清查。由于种种原因造成成本低于可收回金额的部分，应该计提长期股权投资减值准备。一些企业通过多提或少提长期股权投资减值准备，达到虚减或虚增长期股权投资账面价值和利润的目的。有市价参照的长期股权投资的质量是否恶化比较容易判断，而对没有市价参照的长期股权投资，如无被投资企业详细可靠的信息，就难以对投资企业计提减值准备的合理性做出准确判断。此时只有深入分析才不至于发生明显偏差。此外，长期股权投资应按照个别投资项目计算，因而需关注报表附注，了解计提长期股权投资减值准备的会计政策情况。

【例 2 - 5】根据上文 ZH 公司 20×9 年 12 月 31 日资产负债表（见表 2 - 3)的有关资料，对该公司的长期股权投资及其变动情况进行分析。

由表 2 - 3 可知，20×9 年该公司长期股权投资为 543 117 万元，较 20×8 年 510 408 万元增加了 32 709 万元，增加幅度为 6%，主要是被投资单位利润的增加所致。

（三）投资性房地产质量分析

投资性房地产是指为赚取租金或资本增值，或两者兼有而持有的房地产。投资性房地产应当能够单独计量和出售。投资性房地产主要包括已出租的土地使用权、持有并准备增值后转让的土地使用权和已出租的建筑物。一般地，可从以下两个方面对投资性房地产质量进行分析。

第一，投资性房地产构成项目。企业投资性房地产主要包括已出租的土地使用权、持有并准备增值后转让的土地使用权和已出租的建筑物。在分析时，应注意企业确定的投资性房地产范围是否符合有关规定，尤其是房地产开发公司是否将存货的房地产作为投资性房地产。

第二，投资性房地产计量模式。根据《企业会计准则第 3 号——投资性房地产》的相关规定，企业一般应当在资产负债表日采用成本模式对投资性房地产进行后续计量。在有确凿证据表明投资性房地产的公允价值能够持续可靠取得的情况下，可以对投资性房地产采用公允价值模式进行后续计量。采用公允价值模式计量的，不对投资性房地产计提折旧或进行摊销，应当以资产负债表日投资性房地产的公允价值为基础调整其账面价值，公允价值与原账面价值之间的差额计入当期损益。由于房地产缺乏像股票、基金那样的定价平台，且并不是所有的房地产都能有公允价值。所以对采用公允价值模式进行后续计量的投资性房地产应当特别关注其公允价值的估计是否合理，一些公司是否会通过公允价值计量投资性房地产来达到调节公司利润的目的。

（四）固定资产质量分析

固定资产是指为生产商品、提供劳务、出租或经营管理而持有的，使用寿命超过一个会计年度的有形资产。其中，使用寿命是指企业使用固定资产的预计期间，或者该固定资产所能生产产品或提供劳务的数量。

固定资产是企业进行生产的物质条件，企业拥有的固定资产的质量是反映企业营运能力的重要标志。由于固定资产占用资金数额大，资金周转时间长。因此，固定资产成为资产管理的重点。通常可从以下三个方面对固定资产质量进行分析。

第一，固定资产结构。固定资产结构是指各类固定资产的价值在固定资产总额中所占的比重，对固定资产结构的分析可以通过编制固定资产结构分析表来分析。通过对固定资产结构的分析，可以了解固定资产分布和利用的合理性，固定资产结构反映了企业合理配置固定资产、挖掘固定资产利用的潜力。企业的固定资产不仅包括生产设备，而且也包括各种其他用途的专有设备。而资产负债表中的固定资产项目仅列示企业固定资产的总额，为此，必须结合会计报表附注中的固定资产明细及其对固定资产的说明，通过具体用于生产、管理、运输等不同用途的资产情况，得出固定资产结构。

第二，固定资产规模。企业固定资产的规模必须和企业生产经营的总体规模相适应，同时也应该和流动资产保持一定的比例关系。这就要求企业应依据生产经营的计划任务，核定固定资产需用量，添置新设备，扩大固定资产规模，并在此基础上能够合理配置固定资产和流动资产的比例关系。企业为了扩展业务，获得更多的利润，需要扩大生产经营规模，首先就要扩大固定资产规模，添置新的设备。同时，企业在生产经营过程中，还会发生固定资产的盘盈、盘亏清理，投资转入、转出等，从而使固定资产的总体规模发生增减变动。

第三，固定资产折旧与减值准备。由于计提固定资产折旧和固定资产减值准备具有一定的灵活性，所以如何进行固定资产折旧及如何计提固定资产减值准备，会给固定资产账面价值带来很大的影响。鉴于此，在分析固定资产折旧时，应主要分析以下三个方面内容：一是企业固定资产预计使用年限和预计净值的确定是否合理；二是是否符合国家有关规定和企业的实际情况；三是企业固定资产折旧方法的选定是否合理，是否存在为了调整固定资产净值和利润的意图选择折旧方法。

企业固定资产折旧的政策前后是否一致也是财务报告分析重要的关注内容。根据相关会计准则的规定，固定资产预计使用年限、预计净残值和折旧方法等一经确定，除非企业的经营环境发生变化不得随意变更。如果企业变更固定资产折旧方法。为此，在进行固定资产减值准备分析时，应注意企业是否依《企业会计准则第 8 号——资产减值》的相关规定计提固定资产减值准备，计提是否准确。尤其是在实务中，一些企业的固定资产实质已经发生了减值，如固定资产由于技术进步已不能使用，但企业却不提或少提固定资产减值准备，使得企业利润虚增，影响会计信息质量。

【例 2 - 6】根据上文 ZH 公司 20×9 年 12 月 31 日资产负债表（见表 2 - 3）的有关资料，对该公司的固定资产及其变动情况行分析。

由表 2 - 3 所示，20×9 年该公司固定资产账面价值为 4 686 350 万元，较 20×8 年 4 794 727 万元减少了 108 376 万元，增长率为 -2%。变动金额主要为固定资产折旧减少的金额。

（五）在建工程质量分析

在建工程是指企业进行基建工程、安装工程、技术改造工程、大修理工程等所发生的实际支出，包括需要安装设备的价值。在我国，企业资产负债表中的在建工程项目反映企业期末各未完工工程项目的实际支出和尚未使用的工程物资的实际成本，反映了企业固定资产新建、改扩建、更新改造、大修理等情况和规模。在资产负债表中，在建工程项目的金额应包括交付安装的设备价值，未完建筑安装工程已经耗用的材料、工资和费用支出，预付出包括工程的价款、已经建筑安装完毕但尚未交付使用的建筑安装工程成本、尚未使用的工程物资的实际成本等。

在建工程本质上是正在形成中的固定资产，它是企业固定资产的一种特殊表现形式。在建工程占用的资金属于长期资金，但是投入前属于流动资产，如果工程管理出现问题，会使大量的流动资金沉淀，甚至造成企业流动资金周转困难。因此，在分析该项目时，应深入了解工程的管理情况，及时发现存在的问题，加快工程资金的周转速度。

（六）无形资产质量分析

无形资产是指企业拥有或控制的没有实物形态的可辨认非货币性资产，主要包括专利权、非专利技术、商标权、著作权、土地使用权和特许权等。无形资产分为可辨认无形资产和不可辨认无形资产。除上述可辨认无形资产外，不可辨认无形资产是指商誉，企业自创的商誉及内部产生的品牌、报刊名等，以及不满足无形资产确认条件的其他项目，不能作为无形资产。与其他资产相比，无形资产具有以下几个特点：没有实物形态；能在较长时期内使企业获得经济效益；持有的目的是使用而不是出售；所带来的未来经济利益具有较大的不确定性。具体而言，可从以下三个方面对无形资产质量进行分析。

第一，无形资产质量。虽然无形资产可以为企业带来一定收益，但它具有不确定性。在许多情况下，无形资产质量恶化是可以通过某些迹象来判断的。如某项无形资产已被其他新技术所替代，使其为企业创造经济利益的能力受到重大不利影响；某项无形资产的市价在当期大幅度下降，并在剩余摊销年限内不会恢复；其他足以证明某项无形资产实质上已经发生了减值的情形。

第二，无形资产价值。企业的无形资产主要有外购和自创，尽管自创无形资产的实际成本就是开发阶段符合条件的资本化支出，但其研究阶段的支出毕竟全部费用化了。因此，资产负债表上所反映的无形资产价值有偏颇之处，无法真实反映企业所拥有的全部无形资产价值。所以，在对无形资产项目进行分析时，要详细阅读报表附注及其他有助于了解企业无形资产来源、性质等情况的说明。

第三，无形资产摊销与减值准备。①无形资产摊销的分析。在分析无形资产时应仔细审核无形资产摊销是否符合《企业会计准则第6号——无形资产》的有关规定。在分析时还应注意企业是否有利用估计无形资产的使用寿命调整利润的行为。②无形资产减值准备的分析。在分析无形资产时应注意分析企业是否按照《企业会计准则第8号——资产减值》的规定计提了无形资产减值准备及计提的合理性。因为如果企业应该计提无形资产减值准备而没有计提或少提，不仅会导致无形资产账面价值的虚增，而且会增当期利润总额。一些企业往往通过少提或不提无形资产减值准备来达到虚增无形资产账面价值和利润的目的。因此，对此现象应进行分析与调整。

【例2-7】根据上文ZH公司20×9年12月31日资产负债表（见表2-3)的有关资料，对该公司的长期待摊费用及其变动情况进行分析。

由表2-3所示，20×9年该公司长期待摊费用账面价值为1 245万元，较 20×8 年 1 751 万元减少了 507 万元，增长率为 −29%。变动金额主要为长期待摊费用摊销的减少金额。

三、负债重点项目分析

（一）流动负债重点项目分析

流动负债是指将在一年（含一年）或超过一年的一个营业周期内偿还的债务，包括短期借款、应付票据、应付账款、预收账款、应付职工薪酬、应付股利、应交税费、其他应付款、一年内到期的长期借款及其他流动负债等。流动负债具有利率低、期限短、金额小和到期必须偿还的特点，一般只适合企业流转经营中的短期的、临时性的资金需要。流动负债重点项目的分析具体包括以下内容。

1. 短期借款质量分析

短期借款是指企业向银行其他金融机构等借入的偿还期限在一年以下（含一年）的各种借款。在企业自有流动资金不足的情况下，企业可以向金融机构举借一定数量的短期借款，保证生产经营对资金的短期需要。由于短期借款期限较短，企业在举借时应当充分测算到期时企业的现金流量状况，保证届时企业有足够的现金偿还本息。因此，在对短期借款进行分析时，应关注短期借款的数量是否与流动资产的相关项目相适应，有无不正常之处。同时，还应关注借款的偿还时间，预测企业未来的现金流量，评判企业的短期借款偿还能力。

2. 应付票据质量分析

应付票据是指企业因购买材料、商品或接受劳务等开出的商业汇票，包括银行承兑汇票和商业承兑汇票。应付票据是由出票人签发的、要求付款人在指定日期无条件支付给收款人或持票人的票据。应付票据是一种信用，相比短期借款，其付款时间更具约束力，如到期不能支付，不仅会影响企业的信誉和以后的资金筹集，而且会受到银行的处罚。因此，在进行报表分析时，应当认真分析企业的应付票据，了解应付票据的到期情况，预测企业未来的现金流量，保证按期偿付。

3. 应付账款质量分析

应付账款是指企业因购买材料、商品或接受劳务供应等而应付给供应单位的款项。对于企业来说，应付账款属于企业的一种短期资金来源，一般都在

30～90 天之间，并且不用支付利息，甚至有的供货单位为刺激客户及时付款而规定了现金折扣。应付账款应按规定期限偿付，如果不按期偿付，不仅不能享受现金折扣优惠，而且会严重影响企业信誉，使企业以后无法再充分利用这种资金来源，影响企业未来发展。应付账款项目分析应是短期负债项目分析的重点，应着重分析应付账款的欠款时间和欠款人，观察其中有无异常情况，预测未来的现金流量。一般地，可从以下几个方面对应付账款质量进行分析：

第一，比较本年与上年的增减变动；

第二，计算存货、营业成本与应付账款之间的比率关系，比较本年与上年之间的差异；

第三，结合现金流量，分析实际支付现金、结存余额，以及非现金资产抵债等其他方式结算应付款的现象有无披露；

第四，应付账款的增加、预付账款的减少及存货采购的增加应大致相同；

第五，分析应付账款的账面情况，注意长期挂账的应付账款。

4. 预收账款质量分析

预收账款是指企业按照合同规定向购买商品或劳务的单位预先收取的款项。对于企业而言，预收账款越多越好。因为预收账款作为企业的短期资金来源，在企业发出商品或提供劳务之前可以无偿使用。同时，如果企业预收账款较多，表明企业的产品或劳务销售情况良好，市场供不应求。除了某些特殊的行业或企业外，在进行报表分析时，应当对预收账款引起足够的重视，因为预收账款一般是按销售收入的一定比例预先收取的，通过预收账款的变化可以预测企业未来营业收入的变动。

5. 应付职工薪酬质量分析

应付职工薪酬是指企业为获得职工提供的服务而给予各种形式的报酬及其他相关支出。职工薪酬包括：职工工资、奖金、津贴和补贴、职工福利费、医疗保险费、养老保险费、失业保险费、工伤保险费和生育保险费等社会保险费、住房公积金、工会经费和职工教育经费、非货币性福利、因解除与职工劳动关系给予的补偿以及其他与获得职工提供的服务相关的支出。企业应根据职工提供服务的受益对象，将应确认的职工薪酬（包括货币性薪酬和非货币性福利）计入相关资产成本或当期损益。因此，在分析应付职工薪酬时，应注意企业是否存在利用职工薪酬的成本费用化与资本化的选择进行盈余管理。对于辞退福利而言，应关注企业是否存在根据当年经营业绩情况，利用提前或延后确认因解除与职工劳动关系给予补偿而产生的预计负债来进行盈余管理。

6. 应交税费质量分析

应交税费是指企业应向国家财税部门缴纳而尚未缴纳的各种税费，包括增值税、消费税、企业所得税、资源税、土地增值税、城市维护建设税教育费附加、矿产资源补偿费等。由于应交税费涉及较多税种，在分析该项目的质量时，报告分析者应当了解应交税费的具体内容，有针对性地分析该项负债的形成原因。如果该项目为负数，则表明企业多缴而财税机关应当退回给企业或由企业以后期间抵缴的税金。

【例 2 – 8】根据上文 ZH 公司 20 × 9 年 12 月 31 日资产负债表（见表 2 – 3）的有关资料，对该公司的流动负债结构及增减变动情况进行分析。

由表 2 – 3 所示，20 × 9 年流动负债的金额为 1 210 123 万元，比 20 × 8 年的 1 066 394 万元增加了 143 728 万元，增长比例为 13%。其中，短期借款、应付账款与应交税费的变动较大，上述项目的增长金额分别为 85 626 万元、18 997 万元与 11 326 万元，增长率分别为 21%、13% 与 432%。值得注意的是，应付票据当期余额为 26 855 万元，而上期金额为零；一年内到期的非流动负债减少 28 539 万元，变动比例为 –7%。

（二）非流动负债重点项目分析

非流动负债是指偿还期在一年或超过一年的营业周期以上的负债，包括长期应付债券、长期应付款等。与流动负债相比，非流动负债具有债务金额大、偿还期限长、分期偿还的特点，主要用于企业生产经营的投资建设，满足企业扩大再生产的需要。

1. 长期借款质量分析

长期借款是指企业向银行或其他金融机构借入的还款期限在 1 年以上的各项借款，长期借款期限长、利率高，主要用于补充企业长期资产需要一定数量的长期借款，表明企业获得了金融机构的资金支持。相对于长期债券而言，长期借款有较多的限制和约束，企业须严格按借款协议规定用的内容使用借款。在进行报表分析时，应对企业长期借款的数额、增减变动及其对企业财务状况的影响给予足够的重视。在分析长期借款的质量状况时，应注意长期借款是否与企业固定资产、无形资产的规模相适应，是否与企业的当期收益相适应。此外，还应关注长期借款费用处理的合规性与合理性。

2. 应付债券质量分析

应付债券是指企业为筹集长期资金而实际发行的债券。相对于长期借款而言，发行债券需要经过一定的法定手续，但对款项的使用没有过多的限制和约束，某些可转换债券可在一定时期后按规定比例将债券转换为股票而无须偿还，反而减轻了企业的偿债压力。在进行报表分析时，应对应付债券的金额、增减变动及其对财务状况的影响给予足够的关注。

3. 长期应付款质量分析

长期应付款是指企业除长期借款和应付债券以外的其他各种长期应付款项，包括融资租入固定资产应付款、采用补偿贸易方式引进国外设备的应付引进设备款等。与长期借款和应付债券相比，融资租赁方式相当于企业在取得该项资产的同时借到一笔资金然后分期偿还资金及其利息，有利于减轻一次性还本付息的负担；采用补偿贸易方式引进设备，其特点是用企业的产品偿还债务，既销售了产品又偿还了债务。在进行报表分析时应对长期应付款的金额、增减变动及其对财务状况的影响给予足够的关注。

4. 预计负债重点项目分析

预计负债是因或有事项可能产生的负债。根据《企业会计准则第 13 号——或有事项》的相关规定，与或有事项相关的业务同时满足以下三个条件时应当确定：

第一，该义务是企业承担的现时义务；

第二，履行该义务很可能导致经济利益流出企业，这里的"很可能"是指发生的可能性为大于 50%，但小于或等于 95%；

第三，该义务的金额能够可靠地计量。

常见的预计负债有：未决诉讼或仲裁、债务担保、产品质量保证、承诺、亏损合同、重组义务、环境污染整治等。通常地，可从以下两个方面来对预计负债进行分析。

一方面，预计负债确认的充分性。如前所述，与或有事项相关的业务只有同时满足上述三个条件时才应当确认为预计负债。预计负债是企业需要确认的或有负债，并作为负债在资产负债表中单独反映，还须在报表附注中披露。显然，确认预计负债会弱化企业的偿债能力，增大企业的财务风险，同时还会影响当期损益。在对预计负债进行分析时，报告分析者应当关注会计报表附注中各项预计负债形成的原因及金额，了解预计负债的内容和可能给企业带来的损益，强化管理和做好预防，防患于未然。

另一方面，预计负债计量的合理性。由于预计负债导致经济利益流出企业的可能性尚未达到基本确定的程度，因此计提预计负债需要确认的金额往往需要估计。而计提预计负债的金额是否合理直接影响相关各期的损益。尽管《企业会计准则第 13 号——或有事项》中对预计负债账面价值的复核作出明确规定，但在实际运用时仍然带有一定的主观性，所以应注意企业是否存在着利用预计负债转回调整相关年度损益的现象。

【例 2 - 9】根据上文 ZH 公司 20 × 9 年 12 月 31 日资产负债表（见表 2 - 3）的有关资料，对该公司的非流动负债结构及增减变动情况进行分析。

由表 2 - 3 所示，20 × 9 年非流动资产为 2 383 954 万元，占总资产的 37%，比 20 × 8 年非流动资产的金额增长 10 423 万元。其中，20 × 9 年非流动资产的变动项目主要包括长期借款、租赁负债、长期应付职工薪酬与其他非流动负债，变动金额分别为 - 143 163 万元、210 240 万元、4 480 万元与 27 328 万元。其中，长期借款、长期应付职工薪酬与其他非流动负债的变动比例分别为 - 8%、29% 与 79%，而租赁负债上期金额为零。

四、所有者权益重点项目分析

所有者权益是指企业资产扣除负债后由所有者享有的剩余权益，包括实收资本（股本）、资本公积、盈余公积和未分配利润四个部分。企业所有者权益又称为股东权益，所有者权益分析可以向投资者、债权人等提供有关资本来源、净资产的增减变动、分配能力等与其决策有用的信息。因此，在进行报表分析时，应对所有者权益的金额、增减变动及其对企业财务状况的影响引起足够的重视。

（一）资本（或股本）质量分析

实收资本（或股本）是指投资者投入资本形成法定资本的价值。所有者向企业投入的资本，在一般情况下无须偿还，按照《公司法》的相关规定，实收资本（或股本）与注册资本在数上是相等的，注册资本是企业承担有限责任的限度。实收资本（或股本）具有以下特点：

第一，没有固定的利率。投资者投入企业的资本，只有盈利时才能分配利润，没有盈利或盈利较少时可以不分配利润，但也可能分配利润很高。相对于长期负债而言，实收资本的资金成本较高，但其成本并不固定，在企业盈利不多或没有盈利的情况下，企业可以不分利润。

第二，期限长。投资者投入资本对于企业来说是永久性的资本，可以长期占用，无须到期还本。

第三，金额相对固定不变。除非企业出现增资、减资等情况，实收资本（或股本）在企业正常经营期间一般不发生变动。实收资本（或股本）的变动将会影响企业原有投资者对企业的所有权和控制权，而且对企业的偿债能力、盈利能力等都会产生重大影响。

值得注意的是，企业投资者增加投入资本会使营运资金增加，表明投资者对企业未来的生产经营充满信心。将实收资本（或股本）与企业注册资本数额相比较，如果该项目的数额小于注册资本的数额，说明该企业的注册资本存在不到位的现象，对此应作进一步的了解，搞清资本金未到位的原因，查清企业注册资本是否可靠，对此应予以高度重视。

（二）资本公积质量分析

资本公积是指企业收到投资者投入的超出其在企业注册资本（或股本）中所占份额的投资，以及直接计入所有者权益的利得和损失等。资本公积包括资本溢价（或股本溢价）和直接计入所有者权益的利得和损失等。

在对资本公积进行分析时，应注意企业是否存在通过资本公积项目改善财务状况的情况。因此，应注意资本公积项目的数额，如果该项目的数额本期增长过大，就应进一步了解资本公积的构成。因为有的企业在不具备法定资产评估条件的情况下，通过虚假评估来虚增企业的净资产，借此调整资产负债率，蒙骗企业债权人或潜在的债权人。

（三）留存收益质量分析

留存收益是指企业从历年实现的净利润中提取或形成的留存于企业的内部积累，由盈余公积和未分配利润两部分构成。留存收益是留存在企业的一部分净利润，一方面，可以满足企业维持或扩大再生产经营活动的资金需要，保持或提高企业的盈利能力；另一方面，可以保证企业有足够的资金用于偿还债务，保障债权人的利益。因此，留存收益的增加有利于增强企业的实力，也有利于财务资本的保全，降低财务风险，缓解财务压力。留存收益的增减变化取决于企业的盈亏状况和利润分配政策。对留存收益进行分析的主要内容包括：了解留存收益的变动总额、变动原因和变动趋势；对留存收益的组成项目进行具体分析，评价其变动的合理性。

五、资产负债表结构质量分析

还有企业从事经营的各个业务板块形成的资产结构关系等等。为此，进行资产结构分析，对报告分析者来说，可以深入地了解企业资产的组成状况、盈利能力、风险大小及弹性高低等方面的信息，从而为其合理地做出决策提供强有力的支持。对企业管理者来说，有助于其优化资产结构、改善财务状况，使资产保持适当的流动性，降低经营风险，加速资金周转。对债权人来说，有助于其了解债权的物资保证程度或安全性。对企业关联方来说，可了解企业的存货状况和支付能力，从而对合同的执行前景心中有数。对企业所有者来说，有助于对企业财务的安全性、资本的保全能力及资产的收益能力做出合理判断。

企业资产结构主要受以下因素影响。第一，企业所处行业的特点和经营领域。不同的行业、不同的经营领域，往往需要不同的资产结构。一般来说，生产性企业固定资产的比重往往要大于流通性企业；机械行业企业的存货则一般要高于食品行业，航空运输企业的固定资产所占比重一般较大。所以企业应根据自身所处行业的特点合理配置各类资产。第二，企业的经营状况。企业的资产结构与其经营状况紧密相连。经营状况好的企业，其存货资产的比重相对可能较低，货币资金则相对充裕；经营状况不佳的企业，可能由于产品积压，存货资产所占的比重会较大，其货币资金则相对不足。第三，市场需求的季节性。若产品的市场需求具有较强的季节性，则要求企业的资产结构具有良好的适应性，即资产中临时波动的资产应占较大比重，耐久性固定资产应占较小比重，反之亦然。旺季和淡季的季节转换也会对企业的存货数量和货币资金的持有量产生较大的影响。第四，产品生命周期。企业产品一般会依次经历成长、成熟、衰退和死亡等四个阶段。企业资产结构会随着企业产品生命周期而不断发生变化。如产品正处于成长期的企业会大量添置机器、厂房等固定资产，为更多地占领市场而采取宽松的销售信用政策，应收账款所占的资金较多，而现金等货币性资产则相对短缺。一旦产品进入衰退期，企业则会收缩战线，大规模地回笼资金。在该阶段，企业货币资金增多，存货等资产的比重大为减少。因而，应紧密结合产品生命周期评价企业的资产结构。第五，宏观经济环境。宏观经济环境对企业的资产结构亦具有重要影响。宏观经济环境制约着市场的机会、投资风险，从而直接影响企业的长期投资数额。通货膨胀效应往往直接影响到企业的存货水平、货币资金和固定资产所占的比重。一些法律或行政法规、政策也会影响到企业的资产结构。

（一）资产结构比重分析

分析资产结构与变动情况通常采用垂直分析法。垂直分析法的基本要点是通过计算报表中的各项目占总体的比重，反映报表中的项目与总体关系情况及其变动情况。对资产结构变动的分析，还应对流动资产和非流动资产，分项目进行具体比较与分析，以便进一步查明原因，判断企业资产结构变动的合理性。在判断企业资产各项目结构的变动合理性时，应结合企业生产经营特点和实际情况。

1. 流动资产比重分析

流动资产比重是指流动资产占资产总额的百分比。其计算公式为：

$$流动资产比重 = \frac{流动资产}{资产总额} \times 100\%$$

一般而言，流动资产比重高的企业，其资产的流动性和变现能力较强，企业的抗风险能力和应变力就强，但由于缺乏雄厚的固定资产做后盾，其经营的稳定性则会较差。流动资产比重低的企业，虽然其底子较厚，但灵活性却较差。流动资产比重的上升说明企业应变能力提高，企业创造利润和发展的机会增加，加速资金周转的潜力较大。

流动资产比重是否合理还应联系企业利润进行分析。流动资产在资产总额中的比重提高了，企业的营业利润也要相应地增长。如果流动资产比重提高了，生产额增长了，利润却不增长，说明企业生产的产品销售可能不畅，经营状况趋势不好。由于各行业生产经营情况不一样，流动资产在资产总额中的比重就不一样，合理的程度应根据具体行业与企业自身特点来进行判断和分析。

2. 非流动资产比重分析

非流动资产比重是指非流动资产占资产总额的百分比。其计算公式为：

$$非流动资产比重 = \frac{非流动资产}{资产总额} \times 100\%$$

非流动资产比重过高首先意味着企业非流动资产周转缓慢，变现力低，势必会增大企业经营风险；其次，使用非流动资产会产生一笔巨大的固定费用，这种费用具有刚性，一旦生成短期内不易消除，这样也会加大企业的经营风险；最后，非流动资产比重过高会削弱企业的应变能力，一旦市场行情出现较大变化，企业可能会陷入进退维谷的境地。非流动资产比重的合理范围应结合企业的经营领域、经营规模、市场环境及企业所处的市场地位等因素来确定，并可参照行业的平均水平或先进水平。

（二）资产结构优化分析

企业资产结构优化就是研究企业的资产中各类资产如何配置才能使企业取得最佳经济效益。在企业资产结构体系中，固定资产与流动资产之间的结构比例是最重要的内容。固定资产与流动资产之间的结构比例通常称之为流动资产结构。因此，资产结构优化分析主要是指流动资产在企业经费规模一定的条件下，如果固定资产存量过大，则正常的生产能力不能充分发挥出来，造成固定资产的部分闲置，这可能会导致企业生产能力利用不足。如果流动资产的存量过大，则又会造成流动资产闲置，影响企业的盈利能力。无论以上哪种情况出现，最终都会影响企业资产的利用效果。

1. 流动资产结构的类型

对于一个企业而言，主要有三种类型的流动资产结构。第一，保守型流动资产结构。保守型流动资产结构是指企业在一定销售水平上维持大量的流动资产并采取宽松的信用政策，从而使流动资金处于较高的水平，这种资产结构由于流动资产比例较高，可降低企业偿债或破产风险，使企业风险处于较低的水平，但流动资产占用大量资金会降低资产的运转效率，从而影响企业的盈利水平。因此，该种资产结构是一种流动性高风险小、盈利低的资产结构。第二，适中型流动资产结构。适中型流动资产结构是指企业在一定销售量的水平上使固定资产存量与流动资产存量的比例保持在平均合理的水平上。这种资产结构可在一定程度上提高资金的使用效率，但同时也增大了企业的经营风险和偿债风险，是一种风险一般、盈利水平一般的资产结构。第三，冒险型流动资产结构。冒险型流动资产结构是指尽可能少地持有流动资产，从而使企业的流动资金维持在较低水平上。这种资产结构流动资产比例较低，资产的流动性较差。虽然固定资产占用量增加而相应提高了企业的盈利水平，但同时也给企业带来较大的风险。这是一种高风险与高收益的资产结构。

2. 流动资产结构的评价标准

在实际工作中，通常根据下列标准来评价企业固定资产与流动资产的结构比例是否合理。第一，盈利水平与风险。企业将大部分资金投资于流动资产，虽然能够减少企业的经营风险但是会造成资金大量闲置或固定资产不足，降低企业生产能力和资金利用效率，从而影响企业的经济效益；反之，固定资产比重增加，虽然有利于提高资产利润率，但同时也会导致经营风险的增加。企业选择何种资产结构，主要取决于企业对风险的态度。如果企业敢于冒险则可能采取冒险的流动资产结构策略；如果企业倾向于保守，则宁愿选择保守的流动资产结构策略不会为追求较高的资产利润率而冒险。第二，行业特点不同的行业因经济活动内容不同，技术装备水平也有差异，其流动资产结构也会有较大差异。一般来说，创造附加值低的企业，如商业企业，需要保持较高的资产流动性；而创造附加值高的企业，如制造业企业，需要保持较高的固定资产比重。同一行业内部，其生产特点、生产方式的差异较小，所以其流动资产结构就比较接近，行业的平均流动资产结构比例应是本企业流动资产结构的主要参照标准。第三，企业经营规模。企业经营规模对流动资产结构有重要影响。一般而言，规模较大的企业固定资产比例相对高些，因其筹资能力强，流动资产比例相对低些。

企业在分析和评价目前流动资产结构合理性的基础上，必须对流动资产结构进行进一步优化。流动资产结构优化必须以企业采取的流动资产结构策略所确定的标准为根据。流动资产结构的优化具体包括：首先，分析企业的盈利水平和风险程度，判断和评价企业目前的流动资产结构；其次，盈利水平与风险、行业特点、企业规模等评价标准，按照企业选择的流动资产结构策略，确定符合本企业实际情况的流动资产结构比例的目标标准；最后，对现有的流动资产结构比例进行优化调整。调整时，既可以调整流动资产存量，也可以调整固定资产存量，还可以同时调整固定资产存量和流动资产存量以达到确定的目标标准。

六、资本结构质量分析

（一）资本结构概述

资本结构是指企业的全部资金来源中负债和所有者权益所占的比重及其相互间的比例关系。企业的全部资金来源于两个方面：一是投入资金，包括流动负债和长期负债；二是自有资金，即企业的所有者权益（在股份制企业为股东权益）。企业的资本结构状况是企业各利益相关者十分关注的问题，对资本结构的分析能够帮助报表用户正确评价企业价值水平，从而为其科学决策提供良好的基础。分析资本结构的意义在于：

第一，对债权人来说，通过分析资本结构，可以了解负债和所有者权益在企业全部资金来源中所占的比重，判断企业债权的保障程度，评价企业的偿债能力，从而为决策提供依据。

第二，对投资者来说，通过资本结构分析，可以了解企业负债在全部资金来源中所占的比重，评价企业的偿债能力，判断其投资所承担的财务风险的大小，以及负债对投资报酬的影响，从而为投资决策服务。

第三，对经营者来说，通过资本结构分析，评价企业偿债能力的高低和承担风险能力的大小，发现企业理财中存在的问题，采取措施调整资本结构，实现资本结构的最优化。

（二）资本结构的类型

不同的资本结构，其成本和风险是各不相同的。最佳的资本结构应是成本最低且风险最小。但事实上这种资本结构是不存在的，低成本一般伴随着高风险，而低风险又与高成本相联系。企业应在成本与风险之间合理取舍，选择最适合自身生存和发展的资本结构。实践中资本结构一般有以下三种类型：

第一，保守型资本结构。保守型资本结构是指在资本结构中主要采取权益性融资，且负债融资中又以长期负债融资为主。在这种资本结构下，企业对流动负债的依赖性较低，从而减轻了短期偿债压力，风险较低；但同时由于权益性融资和长期负债融资的成本较高，又会增大企业资金成本。可见，这是一种低风险、高成本的资本结构。

第二，中庸型资本结构。中庸型资本结构是一种中等风险和成本的资本结构。在这种资本结构下，权益性融资和负债融资的比重主要根据资金使用的用途来确定。用于流动资产的资金主要由流动负债提供，用于长期资产的资金主要来源于权益性和长期负债。同时，使权益性融资和负债融资的比重保持在较为合理的水平上。

第三，风险型资本结构。风险型资本结构是指在资本结构中，全部采用或主要采用负债融资，并且流动负债被大量用于长期资产。显然，这是一种风险高但成本低的资本结构，对于希望获得高收入的企业而言，也是一种有吸引力的资本结构。

（三）资本结构比重分析

资本结构比重分析是指对负债和所有者权益（股东权益）中包含的各个项目进行比较分析，以便了解资本结构是否健全和安全。

1. 流动负债比重分析

流动负债比重是指流动负债占负债总额的百分比。其计算公式为：

$$流动负债比重 = \frac{流动负债}{负债总额} \times 100\%$$

流动负债占负债总额的比率越高，说明企业对短期资金的依赖性越强，企业偿债的压力也就越大，这必然要求企业营业周转或资金周转也要加快，企业要想及时清偿债务，只有加快周转；相反，这个比率越低，说明企业对短期资金的依赖程度越小，企业面临的偿债压力也就越小。对这个比率的分析，短期债权人最为重视，如果企业持有太高的流动负债与总负债比率，有可能会使短期债权人面临到期难以收回资金的风险，因而使短期债权人的债权保障程度降低；对企业所有者来说，在企业不会遇到因短期债务到期不能还本付息而破产清算时，企业保持较高的流动负债与总负债比率，可以使企业所有者获得财务杠杆利益，同时，对企业来讲则可以降低融资成本。

2. 非流动负债比重分析

非流动负债比重是指非流动负债占负债总额的百分比。其计算公式为：

$$非流动负债比重 = \frac{非流动负债}{负债总额} \times 100\%$$

非流动负债比重的高低反映了企业借入资金成本的高低以及长期融资的能力。在资本需求量一定的情况下非流动负债占负债总额的比重越高，表明企业在经营过程中借助外来长期资金的程度越高；反之，该比重越低，说明企业经营过程中借助于外部资金的程度越低，从而减轻企业偿债的压力。利用非流动负债来购置固定资产，可以扩大企业的生产能力，提高产品质量，降低产品成本，提高企业的市场竞争力，从而为企业带来更多的利润。

3. 资本结构的选择

资本结构的选择是指企业合理地组织资金来源，使不同来源的资金保持一个最佳的比例关系。不同方式取得的资金，其风险和资金成本是不同的。一般来说，负债风险大，但资本成本低；优先股风险小于负债，但资金成本高于负债；普通股股本成本最高，但风险小。选择资本结构，就是根据企业的具体情况，合理地组织各种资金来源渠道和方式的搭配，使企业的风险和资金成本都能最小化，使企业的收益最大化。其中，最关键的问题是正确处理负债与投资者投入资本的比例关系。

首先，负债的利率是固定的，当资产收益率高于负债利率时，举债能使企业收益增加，使股东实际的投资收益率高于资产收益率。负债比例越高，股东所得的实际投资收益率越高。其次，负债具有节税作用，负债比例越高，企业留给股东的财富也就越多。最后，负债的资金成本较低，提高负债比例有利于降低综合资金成本。正因为如此，几乎所有企业的资金中都含有相当比重的负债。当然，负债比例并不是越高越好。过高的负债比例意味着企业资金中所有者权益所占比重下降，所有者权益对债务的保证程度降低，企业偿债能力下降引发债务危机的可能性增大。而在资产收益率低于负债利率的情况下，负债不仅不能给企业带来更多的收益，反而会吞噬企业的盈利，减少投资者的投资收益。

在具体安排资本结构时，经营者应当根据企业生产经营的不同情况来确定负债与投资者投入资本之间的比例关系，合理组织筹集资金的方式。一般来说，在企业初创阶段，由于对未来经营状况尚无太大把握，为了避免由于负债经营造成的利息负担而给经营带来压力，经营者应完全或主要采用自有资金进行经营。在股份有限公司中，应主要采用发行普通股方式筹集资金，不宜发行优先股，因为优先股同负债一样，一般都有固定的优先股股利负担。在企业发展较为顺利，资产收益率高于负债利率，对发展前景充满信心时，可以充分利用财务杠杆增加负债比例，以取得更多的盈利。在选择筹资方式时，企业可以采用长期借款、发行债券、固定资产融资租赁等方式。在企业发展比较顺利，需要筹集大量资金，但对大量举债所造成的利息负担尚无太大把握或者不愿承担过大的风险时，可以采用增资方式，扩大自有资金以满足需要。股份有限公司还可以采用发行优先股的方式，既避免由于发行新股而影响原股东对公司的控制权，又避免由于负债经营而给企业造成的偿债压力。

当然，企业本身的状况是十分复杂的，最佳资本结构也无固定标准模式，关键在于根据企业自身的经营状况，合理配置资金来源渠道和筹资方式，以最少的综合资金成本取得最大收益。为此，企业可以通过不同资本结构方案的获利能力，特别是资本金收益率或每股收益等指标，来比较不同资本结构方案的收益水平，在此基础上，通过有关偿债能力的分析，评价不同资本结构方案的风险大小，再在上述分析基础上综合评价不同资本结构的优劣，确定一个最佳的资本结构。

（四）资产结构与资本结构的平衡分析

企业的资金来源和资金占用之间不仅存在着数量上的相等关系，而且还存在着相互间结构上的平衡关系，这种平衡关系主要表现为：①流动资产应主要由流动负债形成，这样可在确定的财务风险下降低资金成本；②固定资产等非流动资产主要由非流动负债和所有者权益资金形成。在进行资产负债表结构分析时，只对资产结构或资本结构进行分析是不够的，只有在资产与资本的各项目之间进行对应性分析，才能了解企业财务状况的全貌。在实务中有关资产与资本的平衡结构也有三种类型：保守型结构、激进型结构和适中型结构。

1. 保守型资产结构与资本平衡结构

在这种结构下，企业的固定资产等非流动资产、部分（甚至全部）流动资产都由非流动负债和所有者权益资本提供，流动负债只满足于部分临时性流动资产之需。在这种结构下，企业的偿债压力较小。但是由于长期资金来源的资金成本一般高于短期资金来源的资金成本，筹资成本较高，这会降低企业的盈利水平。这意味着企业过度追求财务上的安全会以牺牲盈利为代价。

2. 激进型资产结构与资本平衡结构

与保守型资产与资本平衡结构相反，在这种结构下，流动负债除了满足全部流动资产之需，还用于部分固定资产等非流动资产。在这种结构下，企业的偿债压力较大，但筹资成本相对较低，会在一定程度上增进企业的盈利水平，它要求企业运营顺畅，财务应变能力高超。

3. 适中型资产结构与资本平衡结构

适中型资产与资本平衡结构是介于上述两种结构之间的一种形式。其基本表现是，十分注重在资本与资产间流动性的搭配，用于固定资产等非流动资产的资金由非流动负债和所有者权益来提供。在这种结构下，企业的偿债压力和筹资水平都处于中等水平。不同企业或同一企业的不同时期，由于所处的环境不同，以及对风险和收益的不同偏好，资产与资本之间的搭配关系不同，故会形成不同的结构类型。

本章小结

资产负债表是反映企业在某一特定日期财务状况的会计报表，是企业最基本也是最重要的会计报表之一。对资产负债表进行深入分析有助于正确评价企业的财务状况以做出相应的决策。本章首先讲述了资产负债表的含义、作用、格式和结构；其次，本章重点介绍了如何对资产负债表进行基本的分析，即对资产负债表进行水平分析与垂直分析；最后，通过资产负债表重点项目分析，展开对资产负债表的深入分析，具体包括流动资产重点项目分析、非流动资产重点项目分析、负债重点项目分析、所有者权益重点项目分析、资产负债表结构质量分析以及资本结构质量分析。其中，在资产负债表结构质量分析以及资本结构质量分析时，应针对资产负债表的具体科目，展开具有针对性地分析，对深入理解资产负债表的分析起到了至关重要的作用。

思考题

1. 什么是货币资金质量？如何对其进行有效分析？
2. 简述应收账款质量分析。
3. 如何对固定资产质量进行分析？
4. 简述资产结构及其影响因素。
5. 什么是资本结构？它有哪些类型？
6. 如何有效地平衡公司的资产结构与资本结构？
7. 简述资产负债表水平分析法和垂直分析法。

第三章

利润表分析

第一节 利润表概述

利润表是汇总反映企业在一段时间内经营成果的报表，它直观地体现了企业利润的计算过程。与资产负债表的静态视角不同，利润表是从动态角度对企业进行反映的结果，利润表解释了企业以其拥有或控制的资产通过一段时间的经营所产生的经营后果，部分地解释了资产负债表中所有者权益发生变化的原因。利润表中列示的是企业在一定时期（月、季或年等）内发生的收入、成本、费用和损失，以及企业最终的盈利或亏损情况，按照我国现行会计制度规定，企业每月都要编制利润表。利润表的作用主要体现在以下六个方面。

第一，列示企业的经营成果。通过利润表反映的收入取得情况、费用耗用情况和利润实现情况可以评价企业的经营成果。获利是企业的根本目标，也是企业投资者、债权人、经营管理者十分关注的信息，成为对企业财务报告分析的重要内容。

第二，可用于分析和评价企业的盈利能力。企业在经营过程中所取得的各种收入、所发生的各种费用及取得的最终成果，都可以通过利润表集中地表现出来，使报告分析者全面完整地了解企业经营的成果，分析企业利用其拥有的经济资源获取利润的能力，评价企业经营管理的效率和经营者的绩效。债权人可以通过对利润表的分析，根据企业的盈利能力决定是否向企业提供贷款或调整贷款的规模。投资人可以通过对利润表的分析，根据企业的盈利能力决定是否向企业投资或调整投资。

第三，可用于分析企业利润的来源和变动情况。通过对利润表中各项目金额的比较，可以直观地分析企业利润的主要来源，通过对比历史数据并结合其他报表，还可以进一步分析企业利润变化的主要原因，全面总结利润的形成和分配情况、年末未分配利润的结余情况、企业的偿债能力和资金周转情况等。

第四，有助于企业进行合理的经营决策。利润表提供了反映企业收入、成本费用状况的信息，通过分析可以了解企业各项收入费用和利润的升降趋势及其变化幅度，发现经营管理中存在的问题，找出原因所在；通过比较利润表中各项构成要素，对利润表的形成进行结构分析，找出形成利润的主要来源，为企业的经营决策提供依据。

第五，可用于预测企业未来的发展趋势。在利润表中分别列示了各项指标的本期金额和上期金额。通过对不同时期利润表中的数据进行比较分析，可以预测企业的盈利水平的变动方向，估计企业未来的发展趋势。报告分析者可以据此做出合理的决策。对企业管理层而言，通过利润表还可以检查利润目标和经营计划的完成情况，找出差距，及时采取措施，尽可能地提高企业的盈利能力。

值得注意的是，随着会计制度的发展，我国现阶段的利润表会存在一个新项目——其他综合收益。实际上，综合收益的概念是最近几年才被引入利润表并在报表中体现的。从利润表各个项目之间的相互关系来看，综合收益应该是股东权益中不属于股东投资而增加的部分，这就与资产负债表里的内容联系起来了。从现在的情况来看，利润表已经名不副实了，确实应该叫综合收益表。只是由于人们的认识习惯，还保留了利润表这一名称。简单地说，综合收益包括两部分，一部分是净利润，另外一部分是非利润引起的资产增值，就是现在利润表里的其他综合收益。

第二节　利润表基本分析

一、利润表趋势分析

利润表趋势分析也称利润表水平分析，是将利润表的实际数与对比标准或基数进行比较，以揭示两者之间差异的分析方法。可见，利润表水平分析的目的在于揭示利润额的差异及产生原因。由于利润对比标准或基数不同，其分析目的或作用也不同。当以利润表预算为对比基数时，分析的目的在于评价利润预算完成情况，揭示影响利润预算完成情况的原因；当以上年利润表为对比基数时，分析的目的在于评价利润增减变动情况，揭示本年利润与上年利润对比产生差异的原因。

【例 3 – 1】根据 ZH 公司 20 ×9 年度利润表（见表 3 – 1）及有关资料，编制利润水平分析表，对该公司的利润增减变动趋势进行分析。

表 3 – 1　　　　　　　　ZH 公司 20 ×9 年度利润表　　　　　　单位：元

项目	本年金额	上年金额
一、营业总收入	13 602 473 561.31	12 040 282 089.52
其中：营业收入	13 602 473 561.31	12 040 282 089.52
利息收入		
已赚保费		
手续费及佣金收入		
二、营业总成本	13 282 675 829.85	12 159 657 287.24
其中：营业成本	11 022 071 130.11	10 160 905 171.66
利息支出		
手续费及佣金支出		
退保金		
赔付支出净额		
提取保险责任准备金净额		
保单红利支出		
分保费用		
税金及附加	61 084 738.23	52 967 322.03
销售费用	48 310 549.54	22 348 797.55
管理费用	821 329 282.69	733 126 819.41
研发费用	14 817 104.88	64 318.02
财务费用	1 315 063 024.39	1 190 244 858.57
其中：利息费用	1 441 717 108.83	1 239 615 884.32

续表

项目	本年金额	上年金额
利息收入	101 706 569.30	106 725 612.48
加：其他收益	57 016 069.50	62 947 379.86
投资收益（损失以"－"号填列）	705 182 532.73	509 854 067.30
其中：对联营企业和合营企业的投资收益	702 316 128.76	501 326 630.54
以摊余成本计量的金融资产终止确认收益		
汇兑收益（损失以"－"号填列）		
净敞口套期收益（损失以"－"号填列）		
公允价值变动收益（损失以"－"号填列）	－119 985.89	1 267 689.84
信用减值损失（损失以"－"号填列）	－3 144 179.00	－21 739 659.33
资产减值损失（损失以"－"号填列）	－23 303 708.33	
资产处置收益（损失以"－"号填列）	－884 106.61	16 039.74
三、营业利润（亏损以"－"号填列）	1 054 544 353.87	432 970 319.69
加：营业外收入	17 028 147.69	6 472 281.60
减：营业外支出	72 228 412.52	4 796 924.89
四、利润总额（亏损总额以"－"号填列）	999 344 089.04	434 645 676.39
减：所得税费用	323 776 129.99	117 264 128.28
五、净利润（净亏损以"－"号填列）	675 567 959.05	317 381 548.11
（一）按经营持续性分类		
1. 持续经营净利润（净亏损以"－"号填列）	675 567 959.05	317 381 548.11
2. 终止经营净利润（净亏损以"－"号填列）		
（二）按所有权归属分类		
1. 归属于母公司股东的净利润（净亏损以"－"号填列）	422 975 860.35	103 028 710.00
2. 少数股东损益（净亏损以"－"号填列）	252 592 098.70	214 352 838.11
六、其他综合收益的税后净额	－140 911 713.37	455 614 066.46
（一）归属母公司所有者的其他综合收益的税后净额	－26 917 608.10	422 134 518.81
1. 不能重分类进损益的其他综合收益	50 947 130.37	－26 702 289.99
（1）重新计量设定受益计划变动额	2 920 400.00	－11 397 400.00
（2）权益法下不能转损益的其他综合收益		

续表

项目	本年金额	上年金额
（3）其他权益工具投资公允价值变动	48 026 730.37	− 15 304 889.99
（4）企业自身信用风险公允价值变动		
2. 将重分类进损益的其他综合收益	− 77 864 738.46	448 836 808.80
（1）权益法下可转损益的其他综合收益	− 120 221 880.03	74 777 895.18
（2）其他债权投资公允价值变动		
（3）金融资产重分类计入其他综合收益的金额		
（4）其他债权投资信用减值准备		
（5）现金流量套期储备（现金流量套期损益的有效部分）	− 107 859 082.42	36 013 028.43
（6）外币财务报表折算差额	145 749 036.48	338 045 885.19
（7）其他	4 467 187.51	
（二）归属于少数股东的其他综合收益的税后净额	− 113 994 105.27	33 479 547.65
七、综合收益总额	534 656 245.69	772 995 614.56
（一）归属于母公司所有者的综合收益总额	396 058 252.26	525 163 228.81
（二）归属于少数股东的综合收益总额	138 597 993.43	247 832 385.76
八、每股收益：		
（一）基本每股收益（元/股）	0.10486	0.025578
（二）稀释每股收益（元/股）	0.10486	0.025578

　　由表 3 − 1 所示，20 ×9 年 ZH 公司实现净利润 67 557 万元，比上年增加了 35 818 万元，增幅为 113%。从水平分析表来看，公司净利润的增长主要是由于利润总额的增加，但由于所得税费用的增加，所以净利润的增加幅度略小于利润总额的增加幅度。ZH 公司 20 ×9 年利润总额增加了 56 470 万元，增幅为 130%，主要是由于公司的营业利润有所增长营业外收入也有所增加。ZH 公司的营业利润比上一年度增加了 62 157 万元，增幅为 144%，这是企业自身生产经营的成果，营业利润的增加主要原因是营业收入和投资收益的增加，且营业收入和投资收益的增加额大于营业成本和期间费用的增加额，所以营业利润呈增长趋势。

二、利润表项目的结构分析

利润表项目的结构分析又称为利润表垂直分析，是通过计算利润表中各项目或各因素在营业收入中所占的比重，分析说明各项目经营成果及成本费用的结构及其增减变动的合理程度。利润表垂直分析，既可从静态角度分析评价实际（报告期）利润构成状况，也可从动态角度，将实际利润构成与标准或基期利润构成进行对比分析评价；对于标准与基期利润构成，既可用预算数，也可用上期数，还可用同行业可比企业数。不同的比较标准将实现不同的分析评价目的。

三、利润类项目结构分析

利润是企业在一定会计期间内的经营成果，包括收入减去成本费用的净额、直接计入当期利润的利得和损失。对利润类项目的结构分析，主要可以从利润计算过程中形成的营业利润、利润总额和净利润这三个指标占收入总额的比重来展开。

（一）营业利润的结构分析

营业利润是以营业收入为基础，减去营业成本、税金及附加、销售费用、管理费用、财务费用和资产减值损失，加上公允价值变动收益和投资收益的结果。营业利润代表着企业生产经营活动的经营成果，构成了企业最终经营成果的核心。通常企业的营业利润越大，则说明其经营效益越好。与营业收入的结构分析相类似，对营业利润的结构分析也可以按营业利润的取得途径不同进行划分，分为营业利润的品种结构分析、区域结构分析和关联方交易结构分析等。通过计算各种来源的利润占营业利润总额的比重，对营业利润的构成及其变动情况进行分析。占营业利润比重较大的业务或区域是企业过去业绩的主要来源，占营业利润比重上升较快的业务或区域可能是企业未来业绩的增长点，在此基础上可以进一步分析企业可能的产业调整方向和发展趋势。

（二）利润总额的结构分析

利润总额是以营业利润为基础，加上营业外收入，减去营业外支出之后得到的。其中，非流动资产处置净损失应当单独列示。利润总额代表着企业最终实现的经营成果，从中可以分析出企业的投入产出效益和管理水平高低。对利润总额的结构分析主要通过计算营业利润、营业外收入和营业外支出占利润总额的比重，确定非经营性因素对利润总额的影响程度及其变动趋势。如果营业外收支占利润总额比重较高，应当注意分析企业是否存在经营方针上的重大调整。

（三）净利润的结构分析

净利润也称税后利润，是在利润总额基础上减去所得税费用后的余额。净利润为正将会增加企业的所有者权益，净利润为负则会减少企业的所有者权益。净利润不仅来自企业经营活动的盈利，还来自投资活动的盈利和非经常性损益。因此，对净利润的结构分析应当在营业利润和利润总额分析的基础上，着重考查非经营性项目和非经常性项目的影响，并对其中变动较大的项目进行分析。

【例3-2】根据ZH公司20×9年度利润表（见表3-1）及有关资料，对该公司的利润结构变动趋势进行分析。

由表3-1可知，20×9年营业成本所占的比重为81%，比20×8年的84%下降了3个百分点；20×9年管理费用与财务费用所占比重分别为6%与10%，与20×8年的占比情况相差不大；20×9年投资收益的金额为70 518万元，所占比重为5%，比20×8年的4%上升了1个百分点。20×9年营业利润、利润总额与净利润比20×8年的金额分别增加了62 157万元、56 470万元与35 819万元。

通过对ZH公司的利润垂直分析表的分析，可以得出结论：从企业利润的构成情况上来看，盈利能力比上年度有所上升。各项利润构成上升的原因，一是如前面水平分析表分析的结论，营业收入有所上升，且增幅较大，而营业成本虽然也有所上升，但总体增幅要小于营业收入；二是营业成本及期间费用占营业收入的比重基本呈下降趋势，成本增长比较缓慢，企业的盈利能力呈上升趋势。

第三节　利润表重要的指标分析

一、营业收入结构分析

企业的收入主要来自营业收入、公允价值变动收益、投资收益和营业外收入。其中，营业收入是企业的收入来源，成为各分析主体关注的重点。因此，对收入类项目的结构分析主要围绕着营业收入，本书将重点介绍营业收入的结构分析。

营业收入是指企业在销售商品、提供劳务及他人使用本企业资产等日常活动中形成的经济利益的总流入。可以通过计算各种营业收入占收入总额的比重，来对营业收入的构成及其变动情况进行分析。根据对营业收入的划分角度不同，主要可以分为营业收入的品种结构分析、区域结构分析和关联方交易结构分析等不同方法。

目前，很多企业不再局限于提供单一的商品或劳务，纷纷开展多种经营活动，分析企业销售不同品种的商品或者提供不同项目的劳务所取得的营业收入信息，对报告分析者具有十分重要的意义。占营业收入总额比重较大的商品或劳务是企业过去业绩的主要来源，占营业收入总额比重上升较快的商品或劳务可能是企业未来业绩的增长点。此外，财务报告分析者还可以通过对不同商品或劳务的未来发展趋势进行分析，判断企业的未来发展情况。

【例3-3】根据ZH公司20×9年度利润表（见表3-1）及有关资料，对该公司的营业收入品种结构进行分析。

结合ZH公司20×9年年报中收入分布的相关内容可知，ZH公司的主营业务是能源类资源及其他干散货运输，其中又以油品运输为主。20×9年度煤炭运输业务收入为660 247万元，20×8年度增加10 219万元，增幅为13%，但占主营业务收入的比重下降较大；海上油品运输收入为501 291万元，较上一年度增加了9 131万元，增幅为11%，但占主营业务收入比重下降了10%；其他干散货运输收入较上一年度增加了1 307万元，增幅为9%；20×9年度该公司无租赁收入。相比去年，该公司20×9年的各项主营业务收入均有大幅度的上涨，但由于国际油运市场持续低迷，油品运输占营业收入的比重有所下降。

【例3-4】根据ZH公司20×9年度利润表（见表3-1）及有关资料，对该公司的业务收入区域结构进行分析。

ZH公司的运输业务主要分为国内运输与国际运输，其中又以国内运输为主，20×9年度，国内运输的比重上升7%，国际运输的比重相应下降。20×9年全球经济复苏带动了石油需求的增长，上半年国际原油运输较为活跃，下半年由于新造船大量交付，运力供给增速大于石油需求增速，导致国际油轮市场持续低迷，因此20×9年度国际运输业务比重有所下降。20×9年，国内经济持续复苏，石油需求增加，市场供需两旺，国内沿海油品运输市场保持稳定态势，ZH 公司的国内运输业务保持稳定增长。

【例 3 - 5】根据 ZH 公司 20 × 9 年度利润表（见表 3 - 1）及有关资料，对该公司的营业成本结构进行分析。

ZH 公司的营业成本主要由煤炭运输成本、油品运输成本、其他干散货运输成本及其他业务成本组成。20 × 9 年煤炭运输成本相比 20 × 8 年增加了 8 705 万元，增幅为 10%，占营业成本的比重下降了 1%；油品运输成本比上一年度增加了 7 161 万元，增幅为 13%；其他干散货成本比上年增加了 1 012 万元，增幅为 8%。由上述分析可知，煤炭运输的营业收入占主营业务收入的比重较去年降低，说明 20 × 9 年煤炭运输的成本控制得比较好，获利能力相比其他业务有所增强；油品运输的营运成本的比重却上涨，油品运输本年度的获利能力明显降低，须注意油品运输的成本控制或减少油品运输业务。其他干货本年度的营业收入占主营业务收入比重的增长大于营业成本的增长，表明其他干货的盈利能力较强，可以适当扩大其他干货的业务范围和业务量。

二、主要盈利能力指标分析

一个企业为了继续生存和发展，应该取得一定的利润。判断企业能够获取多大利润的能力，这就是盈利能力分析。对企业的盈利能力进行分析和评价是利润表财务指标分析的核心。根据分析的角度不同，对企业盈利能力分析可以进一步分为销售盈利能力分析、资产盈利能力分析和资本盈利能力分析三大类。

（一）销售盈利能力分析

销售盈利能力分析的指标主要包括营业收入利润率、销售净利率、销售毛利率和成本费用利润率等指标。

1. 营业收入利润率

企业收入利润率是指企业同期营业利润与营业收入的比率，主要用于衡量企业通过营业收入获取利润的能力。其计算公式为：

$$营业收入利润率 = \frac{营业利润}{营业收入} \times 100\%$$

营业收入利润率越高表明企业的获利空间越大，意味着企业的市场竞争优势越大、发展潜力越大。除了营业利润以外，在实务中也可以用销售毛利率和销售净利率等指标来衡量企业的盈利能力。

2. 销售净利率

销售净利率表示企业营业收入的收益水平。其计算公式为：

$$销售净利率 = \frac{净利润}{营业收入} \times 100\%$$

从销售净利率的公式中可知，企业的净利润与销售净利率成正比关系，而营业收入额与销售净利率成反比关系。企业在增加销售收入额的同时，必须相应地获得更多的净利润，才能使销售净利率保持不变或有所提高。通过分析销售净利率的升降变动，可以促使企业在扩大销售的同时，注意改进经营管理，提高盈利水平。

3. 销售毛利率

销售毛利率是指销售毛利占销售收入的比率，其中毛利是销售收入与销售成本的差。其计算公式为：

$$销售毛利率 = \frac{（销售收入 - 销售成本）}{销售收入} \times 100\%$$

销售毛利率表示每一元销售收入扣除销售成本后，有多少钱可以用于各项期间费用和形成盈利。销售毛利率是企业销售净利率的最初基础，没有足够大的毛利率便不能盈利。

同时，销售毛利率指标有明显的行业特点。一般而言，营业周期短、固定费用低的行业毛利率水平比较低，如商业零售行业。而营业周期长、固定费用高的行业则要求有较高的毛利率，以弥补巨大的固定成本，如工业企业。因此，在分析企业的毛利率时，必须与企业的目标毛利率、同行业平均水平及先进水平企业的毛利率加以比较，以正确评价本企业的盈利能力，并分析差距及其产生的原因，寻找提高盈利能力的途径。

4. 成本费用利润率

成本费用利润率是指企业同期利润总额与成本费用总额的比率，主要用于衡量企业通过投入各项成本费用获取利润的能力，其计算公式为：

$$成本费用利润率 = \frac{利润总额}{成本费用总额} \times 100\%$$

其中，成本费用总额＝营业成本＋税金及附加＋销售费用＋管理费用＋财务费用。成本费用利润率越高表明企业为取得利润花费的代价越小，意味着企业的成本费用控制得越好、获利能力越强。

【例3-6】根据ZH公司20×9年度利润表（见表3-1）及有关资

料，并对该公司的销售盈利能力进行分析。

　　ZH 公司 20×9 年的营业收入利润率为 8%，较 20×8 年上升 4%；销售毛利率为 19%，增加了 3%；销售净利率为 5%，比去年的 3% 增长了 2%，说明企业的销售盈利能力呈上升趋势，获利空间越来越大，市场竞争力越来越强，发展潜力越来越大。当然在具体评价一个企业的营业收入利润率高低时，应将该企业的营业收入利润率和其他企业水平或同行业平均水平进行对比，这样才能有一个正确的评价。

成本费用利润率指标是所得与所费的直接比较，它能直接反映企业增收节支、增产节约的效益。通过分析该指标可以促使企业努力降低成本费用水平，增强盈利能力。

（二）资产盈利能力分析

资产盈利能力分析的指标包括总资产收益率和净资产收益率等。

1. 总资产收益率

总资产收益率是企业净利润与平均资产总额的比率，反映了企业资产利用的综合效果。其计算公式为：

$$总资产收益率 = \frac{净利润}{平均资产总额} \times 100\%$$

$$平均资产总额 = \frac{期初资产总额 + 期末资产总额}{2}$$

总资产收益率越高，表明资产利用的效益越好，利用资产创造的利润越多，整个企业的盈利能力越强，经营管理水平越高。企业经营管理水平高，通常表现为资产运用得当，费用控制严格，利润水平高；否则是经营管理水平低下的表现。通过总资产收益率的分析，能够考查各生产部门、各生产环节及经营环节的工作效率和质量，有利于分清内部各有关部门的责任，从而调动各方面生产经营和提高经济效益的积极性。

2. 净资产收益率

净资产收益率是企业净利润与平均净资产的比率，它反映所有者权益所获报酬的水平。其计算公式为：

$$净资产收益率 = \frac{净利润}{平均净资产} \times 100\%$$

$$平均净资产 = \frac{期初净资产 + 期末净资产}{2}$$

净资产收益率是最具综合性的评价指标。该指标不受行业的限制，不受公司规模的限制，适用范围比较广。从投资者的角度来考核其投资报酬，反映资本的增值能力及投资者投资报酬的实现程度，因而它是最被投资者所关注的指标。净资产收益率指标还影响着企业的筹资方式、筹资规模，进而影响企业的未来发展战略。该指标越大，说明企业的获利能力越强。该指标可以与社会平均利润率、行业平均利润率或者资金成本相比较。

总体而言，总资产收益率是一个综合指标，企业的资产是由投资者投入或举债形成的，净利润的多少与企业资产的多少、资产的结构、经营管理水平有着密切的关系。如果仅仅测算企业某一年的资产净利率，往往很难对该企业的盈利能力做出全面的评价。因此，应用该指标与本企业前期或本行业平均水平和本行业内先进企业进行对比，则可进一步提高分析质量。净资产收益率指标是获利能力的重要标志，关系到投资者对公司现状和前景的判断。净资产收益率指标是否令人满意，要看同行业的平均状况、经济景气状况、投资者承受的风险程度和预期的收益率等因素。

【例 3 – 7】根据 ZH 公司 20 ×9 年度利润表（见表 3 – 1）及有关资料，对该公司的资产盈利能力进行分析。

20 ×9 年 ZH 公司的总资产收益率为 2%，较去年的 1% 上升 1%，说明企业资产利用效益越来越强，经营管理水平越来越高。

（三）资本盈利能力分析

资本盈利能力分析的指标主要包括资本保值增值率和市盈率等。

1. 资本保值增值率

资本保值增值率是指企业本年末所有者权益金额与年初所有者权益金额的比值，反映当期所有者权益的保值与增值情况。其计算公式为：

$$资本保值增值率 = \frac{年初所有者权益 + 年末净利润}{年初所有者权益} \times 100\%$$

资本保值增值率表示企业当年资本在企业自身的努力下的实际增减变动情况，反映了投资者投入企业资本的保全性和增长性，是评价企业收益状况的辅助指标。资本保值增值率越高，表明资本保全状况越好，所有者权益增长越快，债权人的债务越有保障，企业发展后劲越强。

2. 市盈率

市盈率是指普通股的每股市价与每股收益之间的比率，它反映了投资人对每一元净利所愿支付的价格，可以用来估计股票的投资报酬和风险。其计算公式为：

$$市盈率 = \frac{每股市价}{每股收益}$$

一般来说，市盈率越低，表明该股票的投资价值风险越小，取得同样的盈利额所需投资越小，相对来说投资价值也越大。但也不能一概而论，有时市盈率越低，表明该公司前景欠佳，投资者对其没有太大的信心，不愿意承担较大的风险，因而股票价格居低不上。市盈率高，表明投资者普遍持乐观态度，对公司前景充满信心，愿意为其承担较大的风险，以期获取较多的未来收益。但也不能绝对化，特别是当股票本身不健全、交易失常或有操纵市场行为的情况下，股票价格可能与它的每股收益严重脱节。在这种情况下，如果根据市盈率判断公司前景十分美好而购进股票，那就要冒很大的风险，一旦假象消失，市场恢复正常，就可能遭受严重损失。

本章小结

利润表是反映企业在一定会计期间经营成果的会计报表。企业编制利润表的目的是如实反映企业实现的收入、发生的费用、应当计入当期利润的利得和损失及其他综合收益等金额及其结构情况，从而有助于使用者分析评价企业的盈利能力及其构成质量。与第二章内容相似，本章首先阐述了利润表的含义、作用、格式与内容及结构。其次，通过介绍利润表的水平分析与垂直分析，阐述了对利润表的基本分析。最后，通过重点剖析收入类项目结构分析与主要盈利能力指标，深入探索对利润表的分析。

思考题

1. 什么是利润表？利润表的主要项目有哪些？
2. 利润表的主要作用是什么？
3. 如何对利润表进行结构分析？
4. 如何对利润表进行趋势分析？
5. 衡量企业收入的常用财务指标有哪些？请列出其计算公式。
6. 衡量企业盈利能力的常用财务指标有哪些？请列出其计算公式。

第四章

现金流量表分析

第一节　现金流量表概述

一、现金流量表的定义与作用

现金流量表是汇总反映企业在一段时间内现金和现金等价物的流入与流出信息的会计报表。现金流量表是财务状况变动表的一种，即以现金收付实现制为基础编制的财务状况变动表。因此，该报表也是动态的报表。编制现金流量表的主要目的是为报告分析者提供企业在报告期内因经营活动、投资活动和筹资活动而带来的现金流入与流出信息。在当前复杂多变的经济环境下，企业的现金流量信息更能说明其利润的质量和真实的偿债能力，现金流量表的重要性日益凸显出来。例如，ZH 公司 20×9 年度的现金流量表具体如表 4-1 所示。

表 4 - 1 　　　　　　　　　　　ZH 公司现金流量表　　　　　　　　　　单位：元

项目	本年金额	上年金额
一、经营活动产生的现金流量：		
销售商品、提供劳务收到的现金	14 670 073 955.15	11 864 717 669.99
客户存款和同业存放款项净增加额		
向中央银行借款净增加额		
向其他金融机构拆入资金净增加额		
收到原保险合同保费取得的现金		
收到再保业务现金净额		
保户储金及投资款净增加额		
收取利息、手续费及佣金的现金		
拆入资金净增加额		
回购业务资金净增加额		
代理买卖证券收到的现金净额		
收到的税费返还	40 007 492.63	98 948 552.09
收到其他与经营活动有关的现金	1 343 292 941.93	1 057 119 386.49
经营活动现金流入小计	16 053 374 389.71	13 020 785 608.58
购买商品、接受劳务支付的现金	7 711 034 446.98	8 059 408 664.37
客户贷款及垫款净增加额		
存放中央银行和同业款项净增加额		
支付原保险合同赔付款项的现金		
拆出资金净增加额		
支付利息、手续费及佣金的现金		
支付保单红利的现金		
支付给职工及为职工支付的现金	2 048 683 646.29	1 473 212 107.49
支付的各项税费	315 755 381.52	264 878 154.09
支付其他与经营活动有关的现金	737 390 928.37	1 030 374 690.93
经营活动现金流出小计	10 812 864 403.16	10 827 873 616.87
经营活动产生的现金流量净额	5 240 509 986.54	2 192 911 991.71

续表

项目	本年金额	上年金额
二、投资活动产生的现金流量：		
收回投资收到的现金	257 226 112.05	1 002 557 382.23
取得投资收益收到的现金	462 546 318.64	223 851 730.42
处置固定资产、无形资产和其他长期资产收回的现金净额	2 675.40	696 658.97
处置子公司及其他营业单位收到的现金净额		
收到其他与投资活动有关的现金	612 724 474.22	
投资活动现金流入小计	719 775 106.09	1 839 830 245.84
购建固定资产、无形资产和其他长期资产支付的现金	1 250 030 504.49	3 377 394 272.05
投资支付的现金	241 736 812.62	843 730 602.02
质押贷款净增加额		
取得子公司及其他营业单位支付的现金净额		
支付其他与投资活动有关的现金	4 497 027.16	
投资活动现金流出小计	1 496 264 344.26	4 221 124 874.08
投资活动产生的现金流量净额	−776 489 238.17	−2 381 294 628.23
三、筹资活动产生的现金流量：		
吸收投资收到的现金	115 248 000.00	
其中：子公司吸收少数股东投资收到的现金	115 248 000.00	
取得借款收到的现金	6 846 782 399.68	5 754 096 785.14
收到其他与筹资活动有关的现金		
筹资活动现金流入小计	6 846 782 399.68	5 869 344 785.14
偿还债务支付的现金	8 702 178 459.06	5 240 294 911.43
分配股利、利润或偿付利息支付的现金	1 544 940 850.29	1 936 323 209.84
其中：子公司支付给少数股东的股利、利润	173 594 479.04	441 540 517.55
支付其他与筹资活动有关的现金	685 265 442.32	72 911 931.98
筹资活动现金流出小计	10 932 384 751.68	7 249 530 053.25
筹资活动产生的现金流量净额	−4 085 602 352.00	−1 380 185 268.10
四、汇率变动对现金及现金等价物的影响	64 125 249.67	56 103 003.07
五、现金及现金等价物净增加额	442 543 646.03	−1 512 464 901.56
加：期初现金及现金等价物余额	3 398 566 099.83	4 911 031 001.38
六、期末现金及现金等价物余额	3 841 109 745.86	3 398 566 099.83

不同于以权责发生制为基础编制的资产负债表和利润表，现金流量表是以现金的收付实现制为基础编制的报表。对报告分析者来说，现金流量表提供了一个完全不同的视角。作为反映企业一定期间内现金流入和流出情况的会计报表，其作用主要可以归纳为以下四个方面。

第一，现金流量表解释的信息是企业的现金流量，能说明企业在一定期间内现金流入和流出的原因。企业的现金流量是反映企业流动性最强的内容，现金流量表将现金流量的来源划分为类，并按照流入现金和流出现金项目分别反映。因此，通过现金流量表能够反映企业现金流入和流出的原因，这一信息无论是对于企业内部管理者还是企业外部投资者做出投资决策都有很大的可用性。

第二，现金流量信息是政府综合经济监管部门，尤其是证券市场监管部门对企业或公司进行监督的重要依据。由于现金流量表是一张以现金收付实现制原则为基础，综合反映一定期间现金流入和流出情况的会计报表。因此，将现金流量信息与资产负债表和利润表提供的信息综合起来考虑可以综合评价企业或公司是如何获得现金，以及如何运用这些现金，企业的真实财务状况如何，是否潜伏着较大的风险等。鉴于此，通过掌握与分析现金流量信息，监管部门可以将事后监督变为事前监督，防范和化解潜在的风险。

第三，现金流量表能说明企业偿债能力和支付股利能力。盈利是企业获得现金净流量的根本源泉，而获得足够的现金则是企业创造优良经营业绩的有力支撑。企业活力的多少在一定程度上能够表明企业具有一定的现金支付能力，但企业在一定期间内获得的利润并不代表企业真正具有偿债或支付能力。通过现金流量分析，能够了解企业现金流入的构成，分析企业偿债和支付股利能力，增加投资者的信息和债权人收回债权的决策信息。同时，通过现金分析使投资者和债权人了解企业获取现金的能力，为筹资者提供有用的信息，也使有限的社会资源流向最能产生效益的地方。

第四，现金流量表能分析企业未来获取现金的能力。评价过去是为了预测企业未来的现金流量，通过现金流量表反映的企业过去一定期间的现金流量及其他生产经营指标，可以了解企业现金的来源和用途是否合理，了解经营活动产生的现金流量有多少，企业在多大程度上依赖外部资金。通过这些信息就可以预测企业未来现金流量，能够为企业编制现金流量计划、组织现金调度、合理节约地使用现金创造条件，为投资者和债权人评价企业的未来现金流量做出投资和信贷决策提供必要信息。

在此，特别强调一下资产负债表、利润表与现金流量表三张基本财务报表的内在联系。首先，说明一下利润表与资产负债表之间的联系。资产负债表里股东权益的最后两个项目，一是盈余公积，二是未分配利润。实际上，企业的盈余公积和未分配利润就是企业对利润表中的净利润进行分配的结果。因此，利润表是股东权益中的盈余公积和未分配利润的基础。其次，资产负债表与现金流量表之间的联系。现金流量表是企业货币资金在年度内收支变化情况的反映。资产负债表的第一项就是货币资金。当然，在现金流量表的编制过程中，"货币资金"是指现金和现金等价物，其口径与资产负债表的"货币资金"在内涵上会有差异。但是一般来说，现金流量表是对资产负债表第一行"货币资金"项目的全部或者主体年度内变化情况的展开说明。鉴于此，利润表和现金流量表，以及其他的各种报表（如股东权益变动表），都是对资产负债表某个项目或某一组项目的展开说明。

二、现金流量表的内容

现金流量是某一段时期内企业现金流入和流出的金额。如企业通过销售商品、提供劳务、出售固定资产、向银行借款等行为取得现金，会形成企业的现金流入。企业通过购买原材料、接受劳务、购建固定资产、对外投资、偿还债务等行为支付现金，会形成企业的现金流出。现金流量信息能够反映企业的经营状况是否良好、资金是否紧张及偿付能力的强弱等，从而为投资者、债权人、企业管理层提供对其决策有用的信息。

企业货币资金不同形态之间的转换并不会产生现金的流入和流出，如企业从银行提取现金，是企业现金存放形式的转换，并未流出企业，不构成现金流量。同样，现金与现金等价物之间的转换也不会产生现金流量，如企业用银行存款购买将于三个月到期的国债。企业从事各种经济活动经常会引起现金流入与流出企业。根据企业的实际经营业务情况，通常将现金流量分为三类，即经营活动产生的现金流量、投资活动产生的现金流量和筹资活动产生的现金流量。

（一）经营活动产生的现金流量

经营活动是指企业投资活动和筹资活动以外的所有交易和事项。各类企业由于行业特点不同，对经营活动的认定存在一定差异。在编制现金流量表时，应根据企业的实际情况，对现金流量进行合理的归类。其中，经营活动流入的现金项目主要包括：①销售商品、提供劳务收到的现金；②收到的税费退还；③收到其他与经营活动有关的现金。经营活动流出的现金项目主要包括：①购买商品、接受劳务支付的现金；②支付的各项税费；③支付给职工及为职工支付的现金；④支付其他与经营活动有关的现金。

（二）投资活动产生的现金流量

投资活动是指企业长期资产的购建和不包括在现金等价物范围内的投资及其处置活动。长期资产是指固定资产、在建工程、无形资产、其他资产等持有期限在一年或一个营业周期以上的资产。其中，之所以将"包括在现金等价物范围内的投资"排除在外，是因为在之前的定义中已经将包括在现金等价物范围内的投资视同为现金。其中，投资活动流入的现金项目主要包括：①收回投资所收到的现金；②取得投资收益收到的现金；③处置子公司及其他营业单位收到的现金净额；④处置固定资产、无形资产和其他长期资产而收到的现金净额（如为负数，应作为投资活动现金流出项目反映）；⑤收到其他与投资活动有关的现金。投资活动流出的现金项目主要包括：①购建固定资产、无形资产和其他长期资产所支付的现金；②投资支付的现金；③取得子公司及其他营业单位所支付的现金净额；④支付其他与投资活动有关的现金。

（三）筹资活动产生的现金流量

筹资活动是指导致企业资本及债务规模和构成发生变化的活动。这里所说的资本，包括实收资本（股本）、资本溢价（股本溢价）。与资本有关的现金流入和流出项目，包括吸收投资、发行股票、分配利润等。这里所说的债务，是指企业对外举债所借入的款项、向金融企业借入款项及偿还债务等。其中，筹资活动流入的现金项目主要包括：①吸收投资所收到的现金；②取得借款所收到的现金；③收到其他与筹资活动有关的现金。筹资活动流出的现金项目主要包括：①偿还债务支付的现金；②分配股利、利润或偿付利息支付的现金；③支付其他与筹资活动有关的现金。

第二节　现金流量表的质量分析

一、经营活动现金流量质量分析

经营活动是企业经济活动的主体，也是企业获取持续资金的基本途径。因此，在企业各类现金流量中，经营活动现金流量显得更为重要。对经营活动现金流量的质量分析可以围绕经营活动现金流量的真实性、充足性、稳定性和成长性四个方面展开。

第一，通过对比半年报和年报的经营活动现金流量，考查经营活动现金流量的均衡性，可以初步判断经营活动现金流量的真实性。在正常经营的情况下，企业的购销活动和信用政策相对较为稳定，销售业务较少出现大起大落的情形。因此，经营活动现金流量在年度内应保持一定均衡性，否则表明经营活动现金流量存在被粉饰的可能。第二，充足性是指企业是否具有足够的经营活动现金流量满足其运转和规模扩张的需要。对此，财务报告分析者可以从绝对量和相对量两个方面进行分析。其中，从绝对量角度衡量充足性，主要是通过分析经营活动现金流量能否延续现有的经营规模，来判断经营活动现金净流量是否正常。第三，经营活动现金流量的稳定性可以根据主营业务现金收支占经营活动现金收支的比重来进行评判。第四，经营活动现金流量成长性的主要指标是指经营活动现金流量成长比率。

同时，对经营活动现金流量分析应注意以下几点：一是，经营活动现金流量在企业现金流量中所占比重较大，一般其稳定性和再生性较强；二是，要将经营活动现金流入量和流出量结合起来分析；三是，通过经营活动现金净流量的分析，考查企业销售和盈利；四是，将利润表中的净利润与经营活动的现金净流量进行比较，可以考查企业利润的质量。

【例 4 - 1】根据 ZH 公司 20 × 9 年度现金流量表（见表 4 - 1）及有关资料，分析该企业经营活动现金流量的情况。

由表 4 - 1 可知，20 × 9 年的 ZH 公司经营活动现金流入量本期比上期增长了 23%，而经营活动现金流出量并未明显增加。由于流入量增长超过了流出量，使得该公司本期的经营活动现金流量净额增幅明显，增长率高达到 139%。上述分析结果表明该公司本期经营活动创造现金流量的能力较上期得到了增强。

二、投资活动现金流量质量分析

目前对投资活动现金流量的质量还没有完善的指标体系可以用来分析，但是仍然可以通过比较投资活动现金流入量和流出量的大小并结合其他一些信息进行评价。

（一）投资活动现金流入量小于现金流出量

在这种情况下投资活动现金流量表现为"入不敷出"，但不能据此简单做出判断。从企业的成长过程来看，如果企业处于开办阶段，投资活动活跃，而现金回收极少；或者是企业处于增长阶段，不断挖掘利润增长点，扩大投资行为，导致企业投资活动现金流量"入不敷出"。企业投资活动所需的资金缺口，可以通过以下几种方式解决：①消耗企业现存的货币积累；②挤占本来可以用于经营活动的现金；③利用经营活动积累的现金进行补充；④在不能挤占本来可以用于经营活动的现金的条件下，进行额外贷款融资，以支持投资活动的现金需要；⑤在没有贷款融资渠道的条件下，只能采取拖延债务支付或扩大投资活动引起的负债规模来解决。

从投资活动的目的分析，企业的投资活动主要有三个目的：①为正常生产经营活动奠定基础，如构建固定资产、无形资产和其他长期资产等；②为企业对外扩张和其他发展性目的进行权益性投资和债权性投资；③利用企业暂时不用的闲置货币资金进行短期投资，以求得较高的投资收益。在上述三个目的中，前两种投资一般都应与企业的长期规划和短期计划相一致；第三种，则在很多情况下是企业的一种短期理财安排。所以，面对投资活动的现金净流量小于零的企业，首先应当考虑的是该企业的投资活动是否符合其长期规划和短期计划，如果符合其长期规划和短期计划，则表明这是企业经营活动发展和企业扩张的内在需要；反之，可能是资金被套牢，运转不灵，甚至导致破产。所以，要结合产品的市场潜力、产品定位、经济环境等因素进行分析，结合企业未来获利能力对投资活动现金流量的质量做出判断。

（二）投资活动现金流入量大于流出量

这种情况的发生或者是由于企业在本会计期间投资回收活动的规模大于投资支出的规模，或者是由于企业在经营活动、筹资活动方面急需资金，不得不处理手中的长期资产。此外，从公司的发展阶段来看，如果公司正处于成熟阶段，由于顾客对公司产品的需求增长缓慢，公司不需要在扩大生产方面再投入太多资金，常处于"负投资"状态。因此，必须对投资活动现金流量产生的原因进行具体分析。

企业将大量的固定资产变卖，如果所出售的固定资产是企业多余或闲置的资产，说明企业收回了占用在闲置资产上的资金，这种变现有利于企业的经营和理财；如果企业变卖固定资产是为了偿还债务，则说明企业经营出了问题或偿债能力低下，不得不变卖固定资产以维持经营或用于偿债。对于这种情况，必须就其产生现金流量的原因具体分析。如果这种现象是由于收回的投资收益造成的，则说明企业前期投资在本期获得一定的收益，说明企业经营效益提高，企业取得了投资效益。

企业投资活动的现金流出量，有的需要由经营活动的现金流入量来补偿。例如，企业固定资产、无形资产购建支出，将由未来使用有关固定资产和无形资产会计期间的经营活动的现金流量来补偿。因此，即使在一定时期企业投资活动产生的现金流量小于零，也不能对企业投资活动产生的现金流量的质量简单做出否定的评价。

进行投资活动现金流量分析时应注意以下几点：①要将投资活动的现金流入与现金流出结合起来进行分析；②要将投资活动现金流量中属于投资收益的部分与利润表中的投资收益进行比较，来考核评价企业投资收益质量的好坏；③从投资活动的现金净流量看企业的理财和投资策略。

【例 4 - 2】根据 ZH 公司 20 ×9 年度现金流量表（见表 4 - 1）及有关资料，分析该企业投资活动现金流量的情况。

由表 4 - 1 可知，ZH 公司 20 ×9 年投资活动现金流入量为 71 978 万元，相比 20 ×8 年金额减少 112 006 万元，变动额高达 -61%，主要为收回投资收到的现金的减少。同时，20 ×9 年投资活动现金流出量为 149 626 万元，相比 20 ×8 年金额减少 272 486 万元，变动额高达 -65%，主要为购建固定资产、无形资产和其他长期资产支付的现金与投资支付的现金流量的减少，表明 ZH 公司在 20 ×9 年大幅度减少了股权投资与固定资产等非流动资产的投资，上述分析结果也一定程度上与 ZH 公司所实施的稳健型财务战略相符。

三、筹资活动现金流量质量分析

对于筹资活动现金流量质量的分析同样也可以通过比较筹资活动现金流入量与现金流出量的大小来进行分析。

（一）筹资活动现金流入量大于现金流出量

这说明企业通过银行或资本市场筹措资金的能力较强。筹资活动现金流入大于现金流出，则表明企业吸收资本或举债的步伐加快。但应与资金使用效果联系起来分析，防止企业未来无法支付到期债务而陷入财务危机之中。如果投资活动现金流出较大，则意味着企业投资和经营扩张加大，使企业具有新的投资机会，有助于提高企业的盈利能力。如果经营活动现金流出较大，意味着企业可能通过筹集资金去弥补经营活动现金的不足，可能是企业经营活动在现金方面出现问题。如前所述，处于开办阶段的公司各种投资活动十分活跃，而销售收回的现金极少，因而存在大量对外筹资需求；处于衰退阶段的公司由于盈利能力低，微薄的净利润等无法满足再投资所需的资金，为弥补现金流量不足，公司常常要举债筹资，从而出现大额的筹资活动产生的现金流入量。所以，分析企业筹资活动现金净流量大于零是否正常，首先要看资金是否体现了企业的发展规划，是管理层以扩大投资和维持经营活动为目标的主动筹资行为，还是因为投资活动和经营活动的现金流出失控而进行的不得已的筹资行为；其次，在此基础上要分析筹资活动现金流入对企业的影响是正面的还是负面的。

（二）筹资活动现金流入量小于现金流出量

这意味着企业在吸收权益性投资、发行债券及借款等方面所收到的现金之和小于企业偿还债务、支付筹资费用、分配股利或利润、偿付利息、融资租赁及注册资本等方面支付的现金之和。这种情况的出现或者是由于企业在本会计期间集中发生偿还债务、分配股利、偿付利息等业务，或者是因为企业经营活动与投资活动在现金流量方面运转较好，有能力完成上项支付。但是筹资活动现金净流量小于零也可能是企业在投资和企业扩张方面没有更多作为的一种表现。

（三）对现金流量表进行筹资活动现金流量的分析

对筹资活动现金流量进行分析应注意以下两点：①要将筹资活动的现金流入与现金流出结合起来进行分析；②要将筹资活动现金流量净额与企业理财政策结合起来分析。

【例 4-3】根据 ZH 公司 20×9 年度现金流量表（见表 4-1）及有关资料，分析 ZH 企业筹资活动现金流量的情况。

由表 4-1 可知，ZH 公司 20×9 年筹资活动现金流量净额为 -408 560 万元，其中，主要为偿还债务及其相关资金 938 744 万元的原因所致。

四、现金流量表项目结构分析

结构分析是指将报表中某一关键项目的数字作为基数，再计算各项目的具体构成，并可使各个组成部分的相对重要性明显地表现出来，从而揭示报表中各个项目的相对地位和总体结构关系。对现金流量表项目进行结构分析有助于深入了解企业现金流量的形成过程、变动过程及其变动原因。

通过结构分析，可以了解企业现金的来源、现金的去向及净现金如何形成，并进一步分析各项目的变动对总体产生的影响、发生变化的原因和变化的趋势，从而有利于对企业获取现金的能力做出准确的判断和评价。现金流量表项目结构分析主要由现金流入结构分析、现金流出结构分析和现金净流量结构分析三部分组成。

（一）现金流入结构分析

现金流入结构反映企业全部现金流入量中，经营活动、投资活动和筹资活动分别占的比例，以及在这三种活动中，不同渠道流入的现金在该类别现金流入量和总现金流入量中所占的比例。一般而言，在企业现金流入量总额中，经营活动产生的现金流入量占有较大比重，特别是主营业务活动产生的现金流入量明显高于其他活动产生的现金流入量。

现金流入结构分析首先可以分别计算经营活动、投资活动和筹资活动带来的现金流入占企业全部现金流入的比重，进而可以计算分析各项活动现金流量中比重较高或者增速较快的项目，从中寻找影响企业现金流入的主要因素。

【例4-4】根据ZH公司20×9年度现金流量表（见表4-1）及有关资料，分析该企业现金流入结构的情况。

由表4-1所示，由于ZH公司在20×8年与20×9年的投资活动产生的现金流量净额和筹资活动产生的现金流量净额均为负数，分别为-77 649万元与-238 129万元以及-408 560万元与-138 019万元。为此，经营活动产生的现金流量净额成为20×9年ZH公司的主要先进流量来源，是当期现金及现金等价物净增加额的约12倍。从以上分析由此可知，该公司的现金流入量主要依靠经营活动所产生的现金流量。

（二）现金流出结构分析

与现金流入结构分析类似，现金流出结构是指企业的各项现金流出占企业的当期现金流出总额的百分比，以反映企业的现金用途。具体而言，现金流出结构分析是将企业经营活动的现金流出、投资活动的现金流出和筹资活动的现金流出的数额及其具体项目与现金流出总额相对比，得出各活动、各明细现金流出项目所占的结构百分比，显示出企业现金流出的主要和次要项目，进而判断企业的现金使用效果。

　　一般来说，经营活动现金流出的比重应较大，尤其是购买商品、接受劳务和支付工资等活动的现金流出量在现金流出总量中应占有较大的比重。投资活动和筹资活动的现金流出比例的大小，则因企业的理财策略不同而存在较大的差异。当然，要评价现金使用的合理性，仅仅根据结构指标很难判断，因为不同时期，现金支出的需要是不同的，通常只要支付能力正常，各类支出的比重大小并不十分重要。但如果把企业某期的现金支出结构与其上期的现金支出结构进行比较，则由此可知企业的理财策略。

　　（三）现金净流量结构分析

　　现金净流量结构是指经营活动、投资活动、筹资活动及汇率变动影响的现金流量净额占全部现金净流量的百分比，它反映企业的现金净流量是如何形成与分布的，可以反映出现金收支是否平衡及其原因。

　　现金净流量结构分析则是以现金流量表中的"净现金流量"为基数对各项净现金流量项目进行分析，经过数据的对比可以了解企业现金净流量的增减原因，了解企业现金余额的形成原因。由于结构分析的重要特点是对相对数额的运用，因此，它不仅可以弥补绝对数额分析的不足，也可以使不同规模的企业之间具有可比性。

五、现金流量表财务指标分析

　　现金流量表中提供的数据十分丰富，结合资产负债表和利润表之后可供分析的角度也较为多样，下面介绍一些常用的现金流量表财务分析指标。

　　（一）盈利质量分析

　　1. 盈利现金比率（盈余现金保障倍数）

　　盈利现金比率反映企业利润净额中经营现金所占的比重，是考核企业经营活动效益的一个重要指标。该比率越大，说明企业收入、费用的确认与现金收入之间差距较小，净收益有足够的现金保障，企业盈利质量高，经营状况和效益好；同时也表明企业的收账策略能够保证大部分应收账款及时收回，能保证经营活动现金流入大于现金流出。

　　如果该比率太小（小于1），说明本期净利润中尚存在未实现现金的收入，应收账款所占比重过大。在此情况下，即使企业盈利，也随时可能发生现金短缺现象。一般来说，当企业当期净利润大于零时，盈余现金保障倍数应大于1。该指标数值越大，表明企业经营活动产生的净利润现金的贡献越大。如果当期净利润是负数，则不需要计算该指标。其计算公式如下：

$$盈利现金比率 = \frac{经营现金净流量}{净利润} \times 100\%$$

【例4-5】根据ZH公司20×9年度现金流量表（见表4-1）与利润表（见表3-1），计算盈利现金比率。

20×9年ZH公司本期盈利现金比率 = 524 051/67 557 × 100% = 776%。该指标远远大于1，表明ZH公司经营活动产生的净利现金的贡献非常大，且收款非常及时。

2. 销售收现比率

销售收现比率是指企业当期百元销售净收入中实际取得现金的比重。一般来说，其数值越大，表明企业销售收款能力越强，销售质量越高。在会计上，销售所体现的是利益的总流入。若企业的全部销售都带来利益的流入，则该收入为高质量收入，企业没有收款风险或收款风险降低到了最低限度。企业销售所带来的利益流入的形式是多种多样的，如收到现金、实物资产、无形资产等，但最常见的形式仍是现金流入。其计算公式如下：

$$销售收现比率 = \frac{销售商品、提供劳务收到的现金}{销售净收入} \times 100\%$$

若该指标数值等于1，说明企业的销售已在当年全部收现，企业的销售收入为无风险收入。若该指标数值大于1，说明企业不仅已将当年的销售全部收现，而且还回笼了部分以前年度的欠款，企业的收益也为高质量收益。若该指标数值小于1，说明企业当年销售中仍有部分货款没有在年内回笼或仅以非现金形式回笼，反映企业仍存在收益上的风险。

【例4-6】根据ZH公司20×9年度现金流量表（见表4-1）与利润表（见表3-1），计算销售收现比率。

ZH公司本期销售收现比率 = 1 467 007/1 360 247 × 100% = 108%。该指标大于1，表明ZH公司经营活动的收款情况较好。

3. 现金获利指数

现金获利指数是将权责发生制下的利润与收付实现制下的利润比较所计算出来的。该指标反映企业每实现一元的营业利润所带来的现金净流入的数额，可用来衡量企业经营收益的风险程度。其计算公式为：

$$现金获利指数 = \frac{经营活动现金净流量}{营业利润} \times 100\%$$

若该指标数值大于或等于 1，说明企业经营收益均为带来利益流入的真实收益，此收益为无风险收益；若该指标数值小于 1，说明企业经营收益中有部分是没有在当期实际收到现金或带来利益的净流入，此收益仍为风险性收益。

（二）筹资与支付能力分析

1. 每股现金净流量

每股现金净流量是指企业每股流通股的经营净现金流量。其计算公式为：

$$每股现金净流量 = \frac{经营活动现金净流量 - 优先股股利}{流通在外普通股股数}$$

该指标反映某一会计年度内，发行在外的普通股加权平均每股所获得的经营活动现金净流量。它反映一个新的视角，即从现金流量角度来反映每一普通股股份的产出效率和分配水平。企业经营活动现金越充裕，每股现金净流量越大，企业股利支付能力越强。目前，虽然对用现金流量来分析股利支付能力的争议很大，但由于该指标的直观性及时效性，大多数人还是愿意采纳该指标进行分析。

2. 现金股利保障倍数

现金股利保障倍数反映企业经营活动产生的现金净流量对现金股利的支持程度。其计算公式如下：

$$现金股利保障倍数 = \frac{经营活动现金净流量}{现金股利}$$

该指标反映了企业用正常经营活动现金净流量来支付现金股利的能力，也在一定程度上体现了企业的股利政策。从理论上讲，该指标应大于 1，只有这样才能说明企业当期创造的经营活动现金净流量足以支付当期的现金股利；否则，企业就需要通过筹资来派发现金股利，而这只能说明企业支付股利的能力不足。

（三）偿债能力分析

1. 现金流动负债比率

现金流动负债比率用来衡量企业的现金是否能够偿还到期债务。其计算公式如下：

$$现金流动负债比率 = \frac{经营活动现金净流量}{流动负债} \times 100\%$$

该指标不受那些不易变现或容易引起沉淀的存货和应收账款的影响，因而能更准确地反映企业的短期偿债能力。现金流动负债比率越高表明企业短期偿债能力越好；反之，该比率越低，则表明企业短期偿债能力越差，其现金流量的质量就越差。一般认为该比率在40%以上比较理想。

2. 债务偿付期

债务偿付期反映按当期经营活动现金净流量计算的偿还全部债务所需要的时间，是评价企业总体偿债能力的指标。其计算公式如下：

$$债务偿付期 = \frac{负债总额}{经营活动现金净流量}$$

该指标越小，说明企业债务偿付期越短，企业经营活动现金净流量对当期债务的保证程度越高，企业总体偿债能力越强；反之亦然。

3. 现金利息保障倍数

现金利息保障倍数反映企业经营活动产生的现金净流量对当期支付利息的支持程度。其计算公式如下：

$$现金利息保障倍数 = \frac{息税前经营活动现金净流量}{现金利息支出}$$

其中，息税前经营活动现金净流量为经营活动现金净流量、支付利息的现金以及支付税金的现金之和。现金利息保障倍数可以反映企业支付利息的能力。分母用实际支付利息而非全部利息费用是因为用现金支付利息减少了现金，而计提但并未支付的利息费用则不减少现金。该比率与以权责发生制为基础计算的利息保障倍数相比，更能反映企业的付息能力。利息支出是企业日常最主要的债务压力。一般情况下，一个长期能够正常偿付利息的企业，其出现债务逾期支付的可能性较小。因此，该指标越大，说明企业经营活动对债务利息的支付能力越强，企业财务风险越小。

4. 现金到期债务比率

现金到期债务比率可以反映企业偿还到期债务的能力。其计算公式如下：

$$现金到期债务比率 = \frac{经营活动现金净流量}{本期到期的非流动负债 + 本期应付票据} \times 100\%$$

在此应用经营活动现金流量净额，是因为只有经营活动现金流量净额能真实地反映企业的资金运转能力。而本期到期的非流动负债和应付票据基本上是不能展期、必须偿还的债务。该比率大，说明企业的经营活动现金流量比较充足，可以支付即将到期的债务；反之亦然。

（四）获利能力分析

1. 营业收入现金比率

营业收入现金比率反映企业经营活动所产生的净现金占其营业收入的比

重。其计算公式如下：

$$营业收入现金比率 = \frac{经营活动现金净流量}{营业收入} \times 100\%$$

该指标越高，表明企业营业收入面临的风险越小，企业营业收入的质量就越高。如该指标较低，而营业收入却较高，则表明企业有可能通过增加应收账款等为代价来实现收入增长。将某企业的营业收入现金比率与同行业企业水平相比，可以评价该企业获利能力的强弱；与历史的水平相比，可以评价该企业获利能力的变化趋势。

2. 总资产现金回报率

总资产现金回报率反映以现金流量为基础的资产报酬率和企业总资产的运营效率。其计算公式如下：

$$总资产现金回报率 = \frac{经营活动现金净流量}{年度平均资产总额} \times 100\%$$

该指标越高，说明企业的资产运营效率越高。该指标可与总资产报酬率指标结合运用，对于总资产报酬率较高的企业，如果该指标较低，说明企业销售收入中的现金成分较低，企业的收益质量不佳。将某企业的总资产现金回报率与同行业企业水平相比，可以评价该企业每百元资产获取现金的能力；将某企业的总资产现金回报率与该企业的历史水平相比，由此可知该企业资产利用效率的变化趋势。

（五）经营活动现金充足性分析

1. 现金流量资本支出比率

现金流量资本支出比率也称再投资比率，用于评价企业运用经营活动现金流量维持或扩大经营规模的能力。其计算公式如下：

$$现金流量资本支出比率 = \frac{经营活动现金净流量}{资本性支出额} \times 100\%$$

其中，资本性支出额是指企业购建固定资产、无形资产或其他长期资产所发生的现金支出。该指标越大，说明企业内涵式扩大再生产的水平越高，利用自身盈余创造未来现金流量的能力越强，经营活动现金流量的品质越好。

当该比率小于 1 时，表明企业资本性投资所需现金无法完全由其经营活动提供，部分或大部分资金要靠外部筹资补充，企业财务风险较大，经营及获利的持续性与稳定性较低，经营活动现金流量的质量较差。当该比率大于 1 时，则说明经营活动现金流量的充足性较好，对企业筹资活动的风险保障水平较高，不仅能满足企业的资本支出需要，而且还可用于企业债务的偿还、利润的分配及股利的发放。

2. 到期债务偿付比率

到期债务偿付比率指标反映企业运用经营活动现金流量偿付到期债务本息的实际水平。其计算公式如下：

$$到期债务偿付比率 = \frac{经营活动现金净流量}{到期债务本金 + 本期债务利息} \times 100\%$$

该比率小于 1，说明企业到期债务的自我清偿能力较差，经营活动现金流量的充足程度不高，要树立良好的财务信用，企业必须依靠其他方面资金的及时注入，主要包括对外融资、当期变现投资收益及出售企业资产的现金所得。该比率大于 1，则显示企业具有较好的"造血"功能和财务弹性，经营活动现金流量比较充足，足以偿还到期债务，企业不存在支付风险且经营的主动性较强。

（六）经营活动现金成长性分析

经营活动现金成长性主要通过经营活动现金流量成长比率来衡量。其计算公式如下：

$$经营活动现金流量成长比率 = \frac{本期经营活动现金净流量}{基期经营活动现金净流量} \times 100\%$$

该指标反映企业经营活动现金流量的变化趋势和具体的增减变动情况。一般来说，该比率越大表明企业的成长性越好，经营活动现金流量的质量越高。具体可以分三种情况。

第一，该比率等于或接近于 1，说明企业内部资金较前期没有明显的增长，经营活动现金流量的成长能力不强。这时，一方面，要通过对相关指标的分析，及时掌握企业经营活动现金流量营运效率的变动趋势，尤其要注意营运效率整体水平是否出现了异常的下降，分析经营活动现金流量未能实现增长的具体原因，从而为今后改善经营活动现金流量动态管理指明方向。另一方面，需结合与投资活动相关的现金流量信息，关注企业经营规模的未来变化，对企业未来经营活动现金流量状况做出合理的预测。此外，还应进一步联系企业的战略规划与现金预算，估计企业经营活动现金流量的未来成长与企业整体的未来发展是否能够同步协调。

第二，该比率大于 1，表明企业经营活动现金流量呈上升趋势。这显然有利于企业的进步成长和经营规模的进一步扩大，预示企业发展前景的良好。但不同的现金流量增长方式对企业具有不同的意义，相应的现金流量质量也存在较大的差异。常见的经营活动现金流量增长有负债主导型、资产转换型和业绩推动型三种情况。

一是负债主导型，即经营活动现金流量的增长主要得益于当期经营性应付项目的增加。虽然企业通过延缓应付款项的支付来提高经营现金净流量，但损害了企业信誉，加大了企业以后的偿债压力。事实上，除了这些必须支付的款项，企业实际经营现金净流量很可能出现负值，这对企业的发展意义不大。该方式下的经营活动现金流量质量显然较差。

二是资产转换型，即经营活动现金流量的增长主要依赖于当期经营性应收项目和存货的减少。降低应收账款项和压缩存货规模会减少资金占用情况，从而有助于提高企业的经营效率和盈利质量。但是，当期存货支出的减少是以前年度相应支出较多的结果，收回的期初应收账款也并不是本期实现的销售收入，经营性应收项目和存货的变动导致的经营活动现金流量增长大多并不能反映本期经营业绩的变化。况且，经营性应收项目的减少也很可能是因大股东年末突击还款等大额异常现金流入造成的，往往不具有持续性。因此，该方式下的经营活动现金流量质量仍然不高。

三是业绩推动型，即经营活动现金流量的增长主要植根于企业盈利能力的增强、本期主营业务收入大幅增加和盈利质量的提高、本期现销收入比例显著上升等。显然，该种经营活动现金流量增长方式完全是企业业绩大幅提高和推动的结果。也正因为如此，该方式下的经营活动现金流量质量较为理想。

第三，该比率小于1，说明企业经营活动现金流量在逐步萎缩。经营活动的现金流入量是企业赖以生存和发展的基础，若经营活动中的现金净流量持续减少，势必导致信用危机和破坏企业的持续经营。因此，这种情况的出现暗示企业的未来发展前景堪忧。需要深入分析其中的原因是经营亏损的影响还是源于企业经营性应收项目的增长，并及时采取相应的措施。另外需要说明的是，单个指标有时并不能准确反映企业的真实情况，某些企业由于长期发展等方面的需要，经营活动现金流量出现暂时或适度的降低也并非异常。如产品结构调整引起的存货价值上升就是造成一些企业经营活动现金流量短暂下降的重要因素。

值得注意的是，在分析经营活动现金流量成长比率时，应进行多期比较，成长率不仅要大于1，而且还要具有较强的稳定性，如果上下波动较大，则企业未来发展将会受到一定程度的影响。此外，若本期或基期经营活动现金净流量为负数，则不必计算该比率。

本章小结

现金流量表是指反映企业在一定期间现金和现金等价物的流入和流出情况的报表。现金流量表将现金流分为三类：经营活动、投资活动和筹资活动。现金流量表是以现金为基础编制的，解释了企业在一定时期内创造的现金数额。由此可知，现金流量表的计量基础与资产负债表和利润表有所差异。本章首先介绍了现金流量表的概念，具体包括现金流量表的定义、作用以及内容，并重点分析了资产负债表、利润表与现金流量表的关联。其后，重点阐述现金流量表的质量分析，具体包括经营活动现金流量质量分析、投资活动现金流量质量分析、筹资活动现金流量质量分析、现金流量表项目结构分析以及现金流量表财务指标分析。

思考题

1. 什么是现金？什么是现金等价物？

2. 什么是现金流量？现金流量表的主要项目有哪些？

3. 资产负债表、利润表与现金流量表之间存在哪些关联？

4. 现金流量表的主要作用是什么？

5. 如何对企业现金流量进行质量分析？

6. 如何对企业现金流量进行结构分析？

7. 衡量企业现金能力的常用财务指标有哪些？它们分别衡量了企业的什么能力？

第五章 ● ● ●

财务报表其他内容的分析

第一节　所有者权益变动表分析

一、所有者权益变动表重要项目的分析

（一）会计政策变更和前期差错更正

会计政策变更和前期差错更正两个项目分别反映企业采用追溯调整法处理的会计政策变更的累计影响金额和用重述法处理的会计差错更正的累计影响金额。该项目应结合财务报表附注中对会计政策变更与前期差错更正的信息披露进一步分析。

（二）本年增减变动

所有者权益的结构是复杂的，而其变化原因更加复杂，不同原因造成的增长反映出所有者权益增长的质量不同，这有助于评估公司的发展前景及所有者财富增减变化的趋势，所有者权益变动表不仅提供了所有者权益总量的增减变动情况，而且包括所有者权益增减变动的重要结构性信息，特别是反映直接计

入所有者权益的利得和损失，让报告分析者准确理解增减变动的根源。比如当年所有者权益增加，是依靠公司自身盈利增加的净利润，还是来源于直接计入所有者权益的利得和损失，或者股东投入资本和利润分配。

（1）净利润。所有者权益变动表中的净利润与利润表中的净利润一致。

（2）直接计入所有者权益的利得和损失。直接计入所有者权益的利得和损失反映企业当年直接计入所有者权益的各项利得或损失金额。企业应当在附注中详细披露其他综合收益及其所得税影响。因此，要结合财务报表附注中对其他综合收益的披露信息，进一步分析。

（3）所有者投入和减少的资本。所有者投入资本反映企业接受投资者投入形成的实收资本（或股本）和资本溢价或股本溢价。分析时，应注意所有者投入资本对注册资本的影响，以及溢价的合理性。

（4）利润分配。利润分配是将企业实现的净利润，按照国家财务制度规定的分配形式和分配顺序，在国家、企业和投资者之间进行的分配。利润分配的过程与结果，是关系到所有者的合法权益能否得到保护，企业能否长期、稳定发展的重要问题。因此，在对利润分配进行分析时，应首先关注企业利润分配是否遵循了法律法规与相关制度的规定，再结合企业以前年度财务报告分析利润分配政策的连贯性、利润分配的动机。在此基础上，应进一步分析利润分配对企业内部筹资能力、资本结构的影响。

（5）所有者权益内部结转。所有者权益内部结转主要包括资本公积转增资本（或股本）、盈余公积转增资本（或股本）、盈余公积弥补亏损。分析时应关注企业进行所有者权益内部结转是否符合相关法规制度的规定。所有者权益内部结转，虽然不改变所有者权益的总规模，但是，这种变化会对公司的财务形象产生直接影响，或增加了公司的股本数量，或弥补了公司的累计亏损。这种变化，虽然对资产结构和质量没有直接影响，但对公司未来的股权价值变化及利润分配前景会产生直接影响。

二、所有者权益变动表项目财务指标及分析

（一）净资产收益率

净资产收益率是指企业净利润与平均所有者权益的比率，用以反映企业运用资本获得收益的能力，也是财务报告分析者对企业经济效益评价的一项重要指标。净资产收益率越高，说明企业自有投资的经济效益越好，投资者的风险

越少，值得投资和继续投资。因此，该指标是投资者和潜在投资者投资决策的重要依据。

（二）资本保值增值率

资本保值增值率是指企业期末所有者权益与期初所有者权益的比率，该比率反映了企业资本的运营效益与安全状况，也是考核、评价企业经营绩效的重要依据。对于一个正常经营的企业，此比率应该大于1。也就是说，企业的所有者权益每年应该都有适量的增长，企业才能不断发展。

（三）资本积累率

资本积累率是指企业本年度所有者权益增长额同年初所有者权益的比率。资本积累率是企业当年所有者权益总的增长率，反映了企业所有者权益在当年的变动水平。该指标体现了企业资本的积累能力，是评价企业发展潜力的重要指标，也是考察企业扩大再生产源泉的重要标准。资本积累率反映了投资者投入企业资本的保全性和增长性，应受到财务报告分析者更充分的重视。

（四）股利支付率

股利支付率又称股利分配率，是向股东分派的股利占公司净利润的百分比。要评价企业的利润分配水平和利润分配策略，就要看企业实现的净利润中，有多大比例用于分给股东，通常用股利支付率来反映。股利支付率高低要依据各公司对资金需要量的具体状况而定。股利支付率受到国家相关政策、企业股利政策的影响，企业要综合考虑经营扩张资金需求、财务风险高低、最佳资本结构来决定支付股利的比例。

（五）留存收益率

留存收益率是指净利润扣除全部股利后与净利润的比率。该指标用于衡量当期收益总额有多大的比例留在公司用于公司扩大再生产，留存收益率与股利支付率是一对指标，此消彼长。一般而言，对于成长初期的企业而言，为了满足扩大生产规模的需要，考虑到外部融资的成本和风险，企业可能会多留存收益少分派股利，所以其留存收益比率会比较高。而对于处于衰退期的企业而言，由于没有好的项目可以投资，企业可能会倾向于把大部分的净利润直接分配给股东，留存收益率可能会比较低。

第二节　财务报表附注分析

财务报表附注是财务报告不可或缺的组成部分，是对在资产负债表、利润表、现金流量表和所有者权益变动表等报表中列示项目的文字描述或明细资料，以及对未能在这些报表中列示项目的说明等内容。财务报表中的数字是经过分类与汇总后的结果，是对企业发生的经济业务的高度简化和浓缩的数字，如果没有形成这些数字所使用的会计政策、理解这些数字所必需的披露信息，财务报表就不可能充分发挥效用。因此，财务报表附注与资产负债表、利润表、现金流量表、所有者权益变动表等报表具有同等的重要性，是财务报告的重要组成部分。在分析财务报表之前，应该先阅读和分析报表附注；在分析财务报告的过程中，需要不断结合财务报表附注，寻找财务报告分析的方向与重点。

一、企业基本情况分析

在阅读财务报表获得企业财务状况、经营成果与现金流量情况之前，必须首先了解企业的基本情况，把握企业的发展历史、业务范围与组织架构。根据企业的经营范围，了解其所处行业的发展状况，包括行业的市场类型、行业的生命周期以及行业发展前景的情况，掌握该企业在其所在行业中的地位。结合财务状况说明书，了解企业的发展沿革与组织架构演变，控股股东、实际控制人与公司治理结构，分析企业发展战略、核心竞争力与劣势，以便于在具体的财务报表分析时掌握方向与重点。

企业的生命周期可分为四个阶段，即初创阶段、成长阶段、成熟阶段和衰退阶段。处于不同生命周期的企业会拥有不同的财务特征，这都会体现在财务报表中。在进行财务报表分析时，应注意企业所处生命周期对财务状况、经营成果与现金流量的影响。以现金流量为例：在企业的分析产品初创期阶段，企业需要投入大量资金，其资金来源只有举债以及股权筹资活动。因此，处于初创期的企业其经营活动现金净流量一般为负数，投资活动现金净流量一般为负数，筹资活动现金净流量一般为正数。当企业处于成长阶段，企业的产品能够迅速占领市场，销售呈现快速上升趋势，表现为经营活动中大量货币资金回笼，同时为了扩大市场份额，企业仍需要大量追加投资，而仅靠经营活动现金流量净额可能无法满足所需投资，必须筹集必要的外部资金作为补充。处于成长阶段的企业，其经营活动现金净流量一般为正数，投资活动现金净流量一般为负数，筹资活动现金净流量一般为正数。当企业进入成熟期后，产品销售市场稳定，投资得到回收，同时需要偿还外部资金。处于成熟阶段的企业，其经营活动现金净流量一般为正数，投资活动现金净流量一般为正数，筹资活动现金净流量一般为负数。当企业进入衰退期后，市场会收缩，产品销售的市场占有率下降，经营活动现金流入小于流出，同时企业为了应付债务不得不大规模收回投资以弥补现金的不足。此时，企业经营活动现金净流量一般为负数，投资活动现金净流量一般为正数，筹资活动现金净流量一般为负数。

二、重要会计政策选择和会计估计分析

会计政策是指企业进行会计核算和编制会计报表时所应用的具体原则、方法和程序。企业应当在国家会计法规（包括会计准则）的指导下，根据自己的具体情况，选择最能恰当地反映本企业财务状况和经营成果的某种会计原则、方法和程序。会计政策的选择产生的原因是各种各样的，但其主要原因是会计实务的复杂性和多样性，即对某一经济事项的会计处理往往有多种备选的会计处理方法，为企业进行会计政策选择提供了较多的空间。对同一会计事项的处理，往往因选择的会计政策不同而产生不同的会计结果，选择不同的会计政策会给企业带来不同的会计信息，导致投资者、债权人等做出不同的决策。因此，会计政策选择对会计信息质量有着举足轻重的作用。

会计估计是指企业对结果不确定的交易或者事项以最近可利用的信息为基础所作的判断。不同的会计估计也会产生不同的经济后果，从而对会计报表形成影响。鉴于会计政策、会计估计的选择对会计数据会产生影响，这就需要进行财务报告分析时，必须在对国家会计政策、会计估计的选择空间进行充分分析的基础上，结合行业特征以及企业的特点，参照同行业其他企业会计政策、会计估计的选择，分析企业会计政策和会计估计选择的合理性。鉴于会计政策的经济后果，在分析企业会计政策和会计估计选择的合理性时，还必须考虑到会计政策选择的动机。

三、会计政策和会计估计变更及差错更正分析

（一）会计政策变更分析

对于法律法规强制要求发生的会计政策变更，财务报告分析主体应主要关

注其变更的合法性，即企业采用新会计政策是否符合会计制度的要求。对于非强制性会计政策变更，财务报告分析主体则应关注其变更的合理性。阅读财务报表附注时，分析者应注意判断是否有充分、合理的证据表明其变更的合理性，变更会计政策是否有助于提供关于企业财务状况、经营成果和现金流量等更可靠与更相关的会计信息。企业频繁出现的非强制性会计政策变更现象，则可能意味着很可能存在人为操纵会计数据的情况，分析者应密切关注。

分析财务报表附注中披露的财务报表中受影响的项目及其调整金额，并结合所有者权益变动表的会计政策变更项目，判断会计政策变更对财务状况、经营成果、现金流量等信息的影响。如果财务报表中受影响的项目性质重要或者调整金额重大，对于强制性会计变更，应挖掘财务报表因会计政策变更而提供的新信息，并注意由会计政策变更引起的会计信息对企业相关契约产生的影响，例如，《企业会计准则第13号——或有事项》对预计负债确认条件做出了新的阐述，若企业在相关合同中改变对确认预计负债条款的描述，则表明对会计政策变更产生的来源是比较可靠的。对于非强制性会计变更，则应注意其变更的理由是否充分、目的是否合理，是否存在利用会计政策变更进行盈余管理的动机。对于会计政策变更，还应注意变更前后财务报表信息的可比性，在进行变更前后各期财务报表项目及各项能力指标的分析比较时，应考虑到会计政策变更带来的影响。

（二）会计估计变更分析

企业据以进行估计的基础发生了变化，或者由于取得新信息、积累更多经验及后来发展变化，可能需要对会计估计进行修订。会计职业判断对会计估计有着重要的形式，会计估计弹性较大，应综合宏观环境、行业背景，参照同行业企业来对会计估计变更的合理性进行分析。结合会计估计变更形式的财务报表项目及金额，推测会计估计变更是更加真实公允地反映了企业状况还是具有盈余管理的目的。

（三）前期差错更正分析

前期差错通常包括计算错误、应用会计政策错误、疏忽或曲解事实和产生舞弊的影响及存货、固定资产盘盈等。而前期差错更正的原因也多种多样，上市公司常常是发现了前期差错不更正，直到被监管部门查出或被注册会计师审出，或是出于其他目的在公司"需要更正"时更正。由于会计工作本身的复杂性，会计人员业务素质参差不齐，会计差错不可避免。但也有部分上市公司利用会计差错及更正操纵会计数据。比如，一些企业为了当前的经济利益操纵利润，用会计政策、会计估计及其变更，当前的目的达到之后，又在以后的会计期间通过对前期差错更正的方式将会计政策或会计估计恢复过来。因此，在对财务报表附注进行分析时，必须关注前期差错发生与更正的真正原因。

四、或有事项分析

或有事项作为一种潜在因素直接影响着企业的持续经营和发展，它的不确定性也影响了投资者对企业的财务质量、财务状况及企业会计信息可靠性的正确判断。常见的或有事项主要包括：未决诉讼或仲裁、债务担保、产品质量保证、承诺、亏损合同、重组义务、环境污染整治等。在进行财务报表分析时，应考虑经营租赁、采购和供应承诺和获取应付合约等承诺，以及未决诉讼、借款担保和环境产生的补救等或有事项对潜在资产负债表、利润表和现金流量表的影响。在对或有事项分析时，应判断当期财务报表的预计负债披露的合理性，对或有负债金额和影响进行分析，评估其对企业风险的影响是否重大。同时，还应当关注上市公司是否针对日后事项发布了相关临时公告，结合从媒体报道等其他渠道获取该事项的最新信息综合判断。

五、关联方及其交易的分析

通过对来自关联企业的营业收入和利润总额的分析，判断企业的盈利能力在多大程度上依赖于关联企业，从而判断企业的营业收入和利润来源是否稳定。如果企业的营业收入和利润主要来源于关联企业，就应该特别关注关联交易的定价政策。例如，交易价格的确定是否与非关联方的交易价格相一致。据此来分析企业是否以不等价交换的方式与关联交易，进行会计报表粉饰。同时，也可以采用关联交易剔除法判断企业利润来源的稳定性、未来成长性。所谓关联方交易剔除法，就是在分析会计报表时，将来自关联方的收入和利得从上市公司利润表中剔除，仅分析上市公司自身非关联交易实现利润的情况。显然，剔除关联方交易后的利润总额越小，表明上市公司的盈利在很大程度上依赖关联企业，公司自身获取利润的能力越差，则有理由对上市公司自身的"造血"能力产生怀疑。

本章小结

本章重点为第二章至第四章内容作了重要的补充，重点介绍所有者权益变动表以及财务报表附注分析。在所有者权益变动表分析中，本章主要介绍所有者权益变动重要项目以及财务指标分析，重点讲述相关报表项目的变动以及相关比例的变动在财务报告分析中的重要作用。在财务报表附注分析内容中，本章则重点介绍企业基本情况分析、重要会计政策选择和会计估计分析、会计政策和会计估计变更及差错更正分析、或有事项分析与关联方及其交易的分析。第一章至本章内容形成了财务报告分析的基本内容。

思考题

1. 所有者权益变动表分析包括哪些内容？
2. 所有者权益分析主要的财务指标包括哪些？如何计算？
3. 企业财务报表附注分析的内容包括哪些？
4. 企业基本情况包括哪些？
5. 会计政策选择和会计估计分析包括哪些内容？
6. 关联方及其交易的分析应注重哪些内容？

提升篇

第六章　● ● ●

从财务报告分析中看战略

第一节　财务报告中的战略信息

为从财务报告中捕捉到企业的战略信息，我们需要重新审视企业的资产负债表。在前述章节中，我们了解到表内资源与表外资源已成为大家所熟悉的资产负债表的基本结构。资产负债表的基本关系是：资产＝负债＋所有者权益。资产是可以用货币表现的资源。需要强调的是，可以用货币计量的资源在资产负债表里列示了，那些不能用货币表现的资源在资产负债表中则未予列示，但财务报表中没有包括的资源也很重要甚至更重要，这些报表外的资源主要包括以下内容。

一、资本资源

这里提到的资本资源首先是指股权结构或者股东带来的资源，决定着企业发展的根本方向。资本结构与公司治理、组织行为、公司战略、税务筹划等密切相关。同时，也要注意控制性股东是谁，并区分名义控制人和实际控制人。例如，有时虽然列示的股东是 A，但实际控制人可能是 B。在企业的经营管理中，所有者投入的资源不仅包括资本资源，还包括许多社会资源，都在企业经营中起着重要作用。

二、市场资源

与企业密切相关的市场主要包括证券市场和产品市场。对于特定的企业而言，一定是先有企业的产品市场，才有企业可以去融资的资本市场。产品市场让企业"走"起来，通过产品销售来逐渐积累资源，在发展过程中一步一步地向前走。产品市场能够让企业生存并稳健地发展，但是这个过程比较慢。证券市场则能让企业"飞"起来，实现跨越式发展。

因此，企业发展到了一定阶段就要考虑更大和更快发展的问题。如果仅仅关注内部管理，往往容易局限于一些小的方面，很难实现快速发展。也就是说，考虑大的发展战略就一定要将证券市场纳入账务体系。有的学者做了研究，认为中国企业家的行为很奇怪：在获得同样的融资规模时，不去进行债务融资而是去搞股权融资。在这些学者看来，债务融资比较好，既可以节税，又不稀释股权。其实这些专家犯了一个根本性、常识性的错误——仅仅从数量上关心融资成本问题，而没有关注融资收益问题。一般来说，融资成本容易计算，融资收益是不容易计算出来的。企业在一定时期通过债务融资获得的利润是可以计算的，但是证券市场融资带来的巨大收益（或者效应）却难以计算。例如，企业上市不仅仅获取了相关的筹资资源，企业的董事长也会得到非常高的社会地位，企业在当地的生存环境也会得到极大改善，这些都会成为企业成功上市的"收益"。为此，企业进入资本市场后，与资本市场有关的资源都会随之而来，从而推动企业更快地发展。这也是许多企业在达到一定盈利能力之后，到证券市场上谋求上市的根本原因。

三、人力资源

人力资源分成三个层面，包括人手、人才与人物。人力资源对企业的贡献很大，但是现在还没有在会计系统中入账。值得注意的是，人力资源与人力资本有所差异。当我们谈到资源时，往往强调其被利用性，人手、人才和人物都是人力资源。而资本一方面强调根本性、长期性的贡献，另一方面强调分红权。如果你自己做出了人力方面的贡献可能会获得一种分红权，比如一些公司给高管的股权期权实际上就是人力资本转化为货币资本的一种安排。此时，这些既拿薪酬又拿股份的高管就是人力资本。当然，他们也是人力资源。而没有分红权安排的企业高管，不管地位有多高，在会计上也不是人力资本。值得注意的是，表外资源还包括其他内容，如企业的品牌、专有技术、文化、组织管理以及上下游资源等内容。以上并不是在财务报表中正式确认与列报的资源，但它们确实对企业的经营与发展具有重要的价值。

第二节　从财务报告分析中看战略的应用

一、从资产负债表分析企业的战略

在资产负债表中，与企业战略相关的信息主要可归纳为以下方面。

（一）企业的资产结构

资产负债表上的数字如果仅仅按照会计的概念和思维去认识，我们关注的永远会是企业业务变化对不同项目的影响，不会发现支撑企业业务变化背后的企业战略以及资产负债表项目变化的战略含义。资产负债表既有概念上的战略缺失，并不意味着我们不能以资产负债表为基础对企业进行战略分析。从管理实践来看，任何企业的设立均体现了一定的战略要求。企业管理的全过程也可以理解为企业战略制定与实施的过程。作为企业财务信息的载体，资产负债表不可能按照战略管理的理论框架将会计报表的项目与企业的战略一一对应起来，我们也不可能在资产负债表里把企业的战略表达挖掘出来。实际上，不论是从资产负债表的个别项目上看，还是从结构上看，或从整体上看，其反映出的战略信息是十分重要的。如果脱离会计概念的限制，把企业资产负债表稍做调整，企业资产负债表的战略含义就会清晰地展示出来。

（二）按照对利润的贡献方式分类

笔者在前面已经讲到，既有的资产概念以及资产按照流动性的分类并没有体现出企业战略的意味。但是，简单考察一下上市公司公开披露的资产负债表，我们就会发现：在大量的上市公司的资产中除了包括常规的反映企业经营活动的项目如应收票据、应收账款、存货、固定资产和无形资产，还包括与企业经营活动没有什么关联的投资资产，而且有的公司投资资产占比相当大。因此，基于战略视角，我们有必要对企业的资产按照其对利润的贡献方式，划分为经营资产和投资资产。

1. 经营资产

经营资产是指企业因常规性的产品经营与劳务提供而形成的资产。典型的经营资产包括货币资金、债权（包括应收票据和应收账款等）、存货、固定资产（包括在建工程等）、无形资产等。经营资产对企业利润的贡献，在传统行业里往往是首先引起企业的营业收入增加，并最终导致企业的营业利润增加。在互联网生态条件下的企业，如果采用"羊毛出在猪身上，狗买单"的商业模式，其最终贡献的仍然是企业经营活动的业绩。

2. 投资资产

投资资产是指企业以增值为目的持有的股权和债权。投资资产所占用的资源除了反映在直接占用的以公允价值计量且其变动计入当期损益的金融资产、衍生金融资产、长期股权投资等项目上，还反映在以经营性资金方式对子公司投资的其他应收款项目上。债券投资对利润的贡献主要表现为债券利息收益与债券溢价或折价摊销后的净额。非控制性股权投资对利润按照成本法和权益法来做出贡献。控制性股权投资对利润的贡献方式更加复杂，其所带来的利润首先表现为对子公司利润的贡献，体现在企业的合并利润表中；只有子公司分配的现金股利部分，才引起投资方投资收益的增加。

值得注意的是，判断一个企业的资产结构属于哪个类型，要以母公司资产负债表为基础。由于在合并报表的编制过程中控制性投资已经被分解或者还原为子公司的经营资产。因此，合并资产负债表一般会是经营资产占主体。

3. 经营资产、投资资产与企业的资源配置战略

我们可以按照企业的经营资产与投资资产在资产总规模中的比重大小，将企业分为三种类型：以经营资产为主的经营主导型、以投资资产为主的投资主导型、经营资产与投资资产比较均衡的投资与经营并重型。显然，不同类型的企业资产结构背后的支撑就是企业的发展战略，即通过资源配置实现企业战略。

（1）经营主导型企业的发展战略的内涵。资产结构中以经营资产为主的企业，其战略内涵十分清晰：以特定的商业模式、行业选择和提供特定产品或劳务为主营业务的总体战略为主导，以一定的竞争战略（如成本领先战略、差异化战略和聚焦战略等）和职能战略（如研发、采购、营销、财务、人力资源等战略）为基础，以固定资产、存货的内在联系及其与市场的关系管理为核心，为企业的利益相关者持续创造价值。经营主导型企业能够最大限度地保持自身的核心竞争力。

　　对于特定企业而言，如果采用经营主导型的发展战略，其经营活动必然面临选择和定位的问题。行业选择决定了企业资产的基本结构。比如，钢铁企业肯定有大量的固定资产和存货；酒店的固定资产占资产总额的比重较高；房地产开发企业的存货占资产总额的比重较高。另外，从财务信息中还可以考察企业的定位。企业定位主要是通过利润表的营业收入的市场份额以及企业定价与毛利率等来表现。但从资产的角度来看，固定资产的技术装备水平、资产的地理结构布局等均与企业的市场定位密切相关。

　　（2）投资主导型企业的发展战略的内涵。资产结构中以投资资产为主的企业，往往是规模较大的企业集团。投资主导型企业的发展战略内涵同样是清晰的。以多元化或一体化的总体战略（或其他总体战略）为主导，以子公司采用适当的竞争战略和职能战略，特别是财务战略中的融资战略（子公司通过吸纳少数股东入资、子公司自身债务融资和对商业信用的利用等融资战略，可以实现在母公司对其投资不变情况下的快速扩张）为基础，以对子公司的经营资产管理为核心，通过快速扩张为企业的利益相关者持续创造价值。投资主导型企业可以在较短时间内通过直接投资或者并购实现做大做强企业集团的目标，或者在整体上保持财务与经营的竞争能力和竞争地位。

二、企业控制性投资的扩张效应分析

（一）投资资产的识别

　　下面介绍资产中的投资资产所占用资源的识别方法。首先，我们可以在资产负债表的资产中直接找出投资性质的资产在报表上列示的数据。这些数据意味着企业在投资上直接占用的资源，主要包括以公允价值计量且其变动计入当期损益的金融资产和长期股权投资等。其次，可以看一下企业以"其他应收款"的形式向子公司提供的资源。在投资方向子公司提供除注册资本以外的资金时，往往通过"其他应收款"项目来反映。投资方向子公司提供的资金规模，可以用本公司（母公司）报表上的"其他应收款"的规模与合并资产负债表上的"其他应收款"的规模之差来大概地反映。这里需要说明的是，在合并报表的编制过程中，母公司与其控制的子公司之间的关联交易已被剔除。因此，合并报表中的数据一定是企业集团与集团外的经济主体发生的业务，即合并报表反映的都是集团与不受本公司控制的其他经济主体发生的业务。为此，通过以上分析，我们可判断出企业资源的大致分布和结构，在资产总规模中，除了投资资产就是经营资产。当然，货币资金既可以用于投资，也可以用于经营。下面我们将向读者展示企业控制性投资的扩张效应。

（二）企业控制性投资的扩张效应

1. 控制性投资占用资源

总结一下前面分析的内容，可以得出结论。企业的控制性投资，主要包含在母公司资产负债表的这样几个项目中：长期股权投资、其他应收款和预付款项。但是，长期股权投资、其他应收款和预付款项并不都是控制性投资占用的资源，只有一部分是控制性投资。根据合并资产负债表的编制原理，合并报表长期股权投资、其他应收款和预付款项与母公司相应项目之差（合并报表小于母公司报表相应项目部分）大体反映了控制性投资占用的资源的规模。

2. 控制性投资增量所撬动的资源

前面的分析已经展示母公司资产中控制性投资所占用的资源。分析企业能否实现跨越式发展的效应仍需关注更多的资源投入。实际上，在前面讨论企业对外控制性投资以及合并资产负债表的编制原理时就为现在的问题做了铺垫。在资产总计中，合并报表和母公司报表数据的差额就是控制性投资增量所撬动的资源。因此，合并资产总计比母公司资产总计越大，一般表明企业控制性投资的扩张效应越明显。通常而言，企业控制性投资的对外扩张效应主要体现子公司的如下方面：第一，子公司吸纳其他股东入资的状况；第二，子公司取得贷款的状况；第三，子公司的业务规模、业务能力以及对上下游的商业信用状况（即"两头吃"的能力）；第四，子公司的盈利能力。

同时，在投资资产中进一步识别企业的控制性投资所占用的资源规模，即用长期股权投资、其他应收款和预付款项的母公司报表数与合并报表相应项目的数据之差来确定。此外，利用合并资产负债表的资产总额与母公司本身报表资产总额之差来确定企业对外控制性投资的撬动效应。

值得注意的是，有些企业的对外控制性投资并不一定是为了实现多元化战略或地区布局的战略而谋求跨越式发展，而是为了通过企业经营活动的系统整合而实现盈利能力的最大化。此时，基于资产负债表对企业控制性投资资源的扩张效应进行分析就不一定能够揭示企业的控制性投资（此时不是扩张，而是盈利）的效应。此时，应该把分析重点集中在合并利润表与母公司利润表所展示的盈利能力的变化上。

三、企业的资本引入战略

（一）负债和股东权益是企业发展的动力机制

针对资产负债表将重点主要放在对资产的个体与整体的分析上，如考察相应资产的周转状况以及企业资产的部分结构性或整体性的能力或者质量。与对资产的分析方法比较丰富相比，对于负债和股东权益的分析就显得非常简单了。这方面比较常见的主要有对企业资产负债率以及利息保障倍数的分析，或者是上述几个方面共同作用的结果。而企业通过控制性投资实现跨越式增长的主要手段是：第一，吸纳少数股东对子公司入资。少数股东入资的累计权益表现在报表上，就是合并资产负债表中的"少数股东权益"。第二，子公司的货款。第三，子公司的经营增长，比如子公司有应付账款、应付票据和预收款项等。第四，子公司经营的结果还会产生利润，从而引起子公司净资产增长。至此，财务报告分析者已经能够对企业的资产进行如下分析，一是区分资产总额中的经营资产和投资资产，二是在经营资产中考察行业特点对企业资产结构的影响，重点关注固定资产原值的规模和结构与存货或者企业业务的规模和结构的财务风险。

前面的分析虽然对企业资产的战略内涵进行了挖掘，但并没有对决定企业战略的机制进行挖掘。实际上，企业的竞争优势与发展潜力不仅取决于现有的资源结构及其运用状况，还与融资环境、资本结构、公司治理等在企业发展过程中具有决定意义的因素关系密切。这就是说，企业发展的真正动力不在于资产的规模和结构，不在于我们看到的资源结构所反映出来的战略信息，而在于支撑企业发展、决定企业战略及其方向的动力机制。而这个动力机制是由企业资产负债表的右边——负债和股东权益来决定的。在决定企业发展前景和方向的关键性因素中，相比于资产的规模与结构，资源的来源结构（即负债与股东权益的结构）更具有全局性和决定性作用。

（二）负债和股东权益：企业的资本引入战略

1. 对负债与股东权益按照来源结构进行的分类

如果我们不考虑负债的流动性和股东权益的概念，对企业的负债与股东权益按照其来源结构作进一步考察就会发现：企业负债和股东权益的主要部分可以分成四类，即经营性资源、金融性资源、股东资源和股东留存资源。对这些资源的利用，体现的就是企业的资本引入战略。这里所说的"资源"，指的不是资产的具体形态，而是取得资源的途径。

（1）经营性资源。经营性资源是指企业通过经营性负债的方式所获得的资源。在资产负债表的负债方，反映经营性负债所带来资源的主要项目包括应付票据、应付账款和预收款项（企业的应付职工薪酬和应交税费也属于经营性负债所带来的资源，为聚焦分析，本书忽略对这部分内容的讨论）。在会计核算上反映的是企业与上下游企业或者用户进行结算时所产生的债务。但其实质是企业对商业信用资源的引入或者利用：一方面，在企业具有较强的获取商业信用能力的条件下，企业通常具有较强的"两头吃"的能力，即企业利用上下游企业的资金来支持企业自身发展的能力较强；另一方面，商业信用资源通常具有综合成本低、综合偿还压力低于账面金额以及固化上下游产业关系等特点，最大限度地利用与上下游产业关系所形成的资源就成了具有显著竞争地位企业的主要资源引入战略。因此，企业对于商业信用资源的利用绝不是被动、自然形成的，而是积极主动的，具有战略意义，即企业往往将最大限度地利用商业信用资源作为其优先选择的经营战略与财务战略。

（2）金融性资源。金融性资源是指企业通过金融性负债的方式所获得的资源。金融性负债除了主要来源于传统的金融机构以及资本市场外，还应该具有财务代价（即利息因素）的特点。在长期负债中因融资租赁而引起的债务也应该属于金融性负债。因此，在资产负债表上，除了典型的金融性负债项目如短期借款、交易性金融负债、一年内到期的非流动负债、长期借款、应付债券等外，还应该包括具有利息因素的长期应付款。

如果我们仅仅考察企业的金融性负债的规模和结构，就容易关注不同的来源结构所引起的资本成本的差异以及所支持的企业扩张的具体项目，而不会考虑金融性资源的结构和规模对企业发展的战略含义。这就是会计思维对我们的束缚。

实际上，影响企业选择利用或者引入金融性负债来支撑企业发展的因素很多，包括融资环境与企业集团的资金管理体制等因素。为实现现有股东利益最大化，在企业具有较强的盈利能力不能进一步利用商业信用资源或者经营性负债的规模不能满足企业扩张需求的情况下，企业会主动选择借款或者发行债券。在股东入资的条件下，即使企业的经营性负债趋于零，引入金融性资源也可以保证企业在一定时期的扩张得以实现。企业在集中统一管理企业集团内部资金的机制下，为了整个集团的融资效率与效益（不是母公司自身的经营活动）而进行借款或发行债券，尽管会增加母公司利润表上的财务费用，但由于可能降低整个集团的整体融资成本、提高整个集团的融资效益而成为很多企业集团财务战略的首选。因此，对企业金融性资源的利用或引入状况进行分析和考察，由此可知企业集团的财务战略意图和整体战略规划。

（3）股东投入资源。在资产负债表上，反映股东入资的项目包括股本（实收资本）和资本公积，它是企业发展的原动力。股东对企业的人力资源具有极强的战略色彩。第一，不同的股权结构设计、股东范围的选择以及资本规模的安排均是企业设立阶段初始战略的直接反映。企业股东入资仍然反映了企业设立阶段的初始战略意图。一方面，股权结构的分散程度、股东范围的广泛程度直接影响了企业控制权的表现形式，而恰恰是企业的控制权主导了企业的战略；另一方面，资本规模也直接制约着企业的发展战略，即股东入资所形成的资本规模与企业的融资能力密切相关，进而制约企业的战略与实施。第二，股权结构、公司治理、核心人力资源与企业战略。公司治理要处理的是股东大会（或股东会）、董事会与企业经理层之间的关系，并确保公司在满足各利益相关者的正常利益的基础上实现持续健康发展。在公司治理的过程中，股东依其持有的股份份额在股东大会行使投票权，产生董事会。董事会决定公司的战略目标并决定核心人力资源；以核心人力资源为主导的管理团队负责实施公司的战略。而这一切的关键点在于，股权结构决定了公司治理的基本架构。

（4）股东留存资源（累计利润）。股东留存资源是指企业实现的利润中，股东没有分配而留存在企业的权益部分。这部分股东留存资源在资产负债表上主要表现为盈余公积和未分配利润，也是企业的累计利润。股东留存资源的规模既取决于企业的盈利能力，也取决于企业的股利或者分配政策。股东留存资源对企业的战略含义在于，在一定的盈利规模下企业可以通过制定不同的股利分配（如现金股利、股票股利或者是二者的组合等）政策，从而能够在一定程度上改变企业的财务结构（如该企业的资产负债率），并对企业的战略特别是融资战略形成支撑。企业处于高负债率或投资支出压力较大、现金资源相对紧张的条件下，企业可以通过选择股票股利与现金股利等利润分配方式，尽量降低现金股利支出的规模，使企业的股东权益在进行利润分配后仍然维持较高的规模，从而对降低企业的现金流出量、提高企业的债务融资能力起到战略支撑的作用。反之，当企业负债率较低，或资产负债率虽高但金融性负债规模较低、现金流量充裕、投资现金支出压力不大的条件下，企业可以选择激进的股利分配政策，提高现金股利的分配规模。

上述分析清晰地表明，当把企业的负债结构与股东权益的结构与企业战略联系起来时，企业负债和股东权益的组合状况就具有深远的战略含义，表明企业主动地利用什么资源来实现企业的发展。显然，处于不同发展阶段、不同竞争地位的企业，可以采用的资源利用战略可能显著不同。需要说明的是，从战略角度对企业的资产负债表进行分析，我们专注于整体性和框架性的战略信息挖掘。但在分析时，不可能也不必要将每一个项目均与企业战略联系起来。但值得注意的是，上述分析忽略了与企业战略分析关联度较低的项目，如资产方的应收利息、应收股利、其他流动资产等，负债方的应付职工薪酬、应交税费等。

2. 对企业按照资本引入战略进行的分类

按照企业经营性资源、金融性资源、股东投入资源以及股东留存资源在负债和股东权益总规模中的比重大小，可以将企业按照资本引入战略分为几种类型：以经营性资源为主的经营驱动型、以金融性资源为主的债务融资驱动型、以股东入资为主的股东驱动型、以留存资源为主的利润驱动型以及均衡利用各类资源的并重驱动型。在很多情况下，企业会综合利用各类资源来谋求其自身的发展。显然，不同类型的企业资源驱动模式，展示了不同的资源驱动战略。

（1）以经营性资源为主的经营驱动型企业发展战略的内涵。以经营性资源为主的经营驱动型企业，往往处于同行业竞争的主导性地位，经营性负债在负债中的占比较高，这类企业的战略内涵十分清晰，即利用自身独有的竞争优势，最大限度地占用上下游企业资金支撑企业的经营与扩张。

经营驱动型企业的战略效应是：第一，企业经营与扩张所需资金大量来自没有资金成本的上下游企业，从而最大限度地降低了企业的财务成本；第二，在一定程度上固化了企业与上下游企业的业务与财务联系，使其成为整体上的经济联盟体；第三，预收款项的负债规模包含了毛利因素，因而具有高预收款项企业的实际负债规模并没有计算出来的资产负债率高；第四，由此引起的企业高负债不一定表明企业的风险高，反而可能反映了企业的竞争优势。当然，有一种情况例外。当企业的经营活动缺乏市场竞争力，资金周转不灵、难以为继时，在资产负债表上也会表现为经营性负债长期居高不下。此种财务状况的形成就不能被认为是企业的资本进入战略的结果，而应该是经营出现严重困难的结果。

（2）以金融性资源为主的债务融资驱动型企业发展战略的内涵。以金融性资源为主的债务融资驱动型企业，其金融性负债通常在负债总规模中占比较高。这类企业往往处于快速扩张、股东入资和经营性负债难以满足扩张资金需求的发展阶段。此时，企业的快速发展或者扩张所需资金只能通过金融性负债来解决。其战略内涵十分清晰，即在一定的融资环境下，最大限度地利用企业的融资能力获得资金支持企业的经营与扩张，使企业能够在较短时间内实现快速发展。

债务融资驱动型企业的战略效应是：第一，企业扩张所需资金大量来自金融机构或资本市场，从而最大限度地加快了企业的发展速度；第二，由于债务融资均存在一定的资本成本的因素，因而企业的财务负担会成为最佳融资结构的重要考虑的因素；第三，为降低融资环境动态不确定性的影响，企业通常会出现过度融资问题。

（3）以股东入资为主的股东驱动型企业发展战略的内涵。以股东入资为主的股东驱动型企业，往往处于企业发展的初级阶段。在这个阶段，企业债务融资活动和经营活动还难以带来企业经营与发展所需资金。在资产负债表上的表现是，股东权益中的"实收资本"（或者股本）和"资本公积"这两个项目的规模占企业负债与股东权益之和的比重较高。应该说，在企业发展一段时期以后，这种情形就会消失。

当然，如果在经营一段时期后企业的财务表现仍然是股东驱动型，则可能意味着企业的产品经营持续不能获得理想利润，企业的债务融资能力较弱，或者企业在债务融资方面没有作为。股东驱动型企业的战略效应是：第一，为了维持企业的生存与发展，股东对企业的入资资产的实物形态必须符合企业发展战略对资源实物形态的要求；第二，在非现金入资的情况下，股东用于入资资产估价的公允性，既决定了企业未来的资产收益率，也调节了股东间的利益关系；第三，股东投资资产的规模、实物形态及其结构，还显著影响企业的治理结构以及企业的发展方向。

（4）以留存资源为主的利润驱动型企业发展战略的内涵。以留存资源为主的利润驱动型企业，其盈余公积和未分配利润的规模之和通常占企业负债与股东权益之和的比重较高。这种情况的出现，往往是企业发展到一定阶段并累积了相当规模的利润（至少其盈余公积和未分配利润的规模之和大于实收资本或者股本与资本公积之和）的结果。从本质上来说，用留存资源支持企业的发展，等同于股东对企业的再投资。因此，利润驱动型企业发展战略的内涵与股东驱动型企业发展战略的内涵是一致的。

（5）均衡利用各类资源的并重驱动型企业发展战略的内涵。均衡利用各类资源的并重驱动型企业，是那些在发展的任一阶段都综合利用各种资本资源进行发展的企业。在企业发展的不同阶段，不同类型的资本资源的贡献度有着明显的差异，因此，均衡利用各类资源的并重驱动型企业发展战略的内涵也随着不同类型资本资源的贡献度的差异而不同。

本章小结

本章重点从财务报告中分析企业的战略。本章首先介绍财务报告中的战略信息，具体包括资本资源、市场资源以及人力资源，并简要阐述上述资源中如何体现企业的战略信息。其次，为明确财务报告分析对战略分析中的作用，本章进一步按照对利润的贡献方式分类分析企业的战略执行情况。最后，进一步借助企业控制性投资的扩张效应分析以及企业的资本引入战略深入分析财务报告分析在企业战略分析中的应用；其中，企业控制性投资的扩张效应分析主要包括投资资产的识别与企业控制性投资的扩张效应，企业的资本引入战略则包括负债和股东权益是企业发展的动力机制与企业的资本引入战略两个角度。

思考题

1. 企业的战略资源是什么？具体包括哪些内容？
2. 资本资源包括哪些方面？
3. 市场资源包括哪些方面？
4. 人力资源包括哪些方面？
5. 如何按照对利润的贡献方式划分企业的战略资源？
6. 为什么负债和所有者权益能够体现企业的资本引入战略？

第七章 ● ● ●

在财务报告分析中看经营资产管理与竞争力

第一节　流动资产的管理与竞争力

一、货币资金存量管理

货币资金存量的恰当性是财务管理中经常讨论的问题。讨论企业到底应该持有多少现金，必须了解企业的备用现金有什么用途。除了融资后被限制用于募集资金的特定投向的部分外，企业的现金用于两种支付，一种是用于资本性支出（比如买地买房，或者购买大型设备），另一种是为了维持日常周转。

（一）资本性支出管理

资本性支出主要用于购买固定资产或无形资产，以及对外投资等活动。关于资本性支出的决策，主要取决于企业的战略安排，由企业的战略决定。西方财务管理中有一个术语称为"自由现金流量"，一般指的是一定时期经营活动产生的现金流量净额与当期资本性支出之差。这个概念如果用于衡量企业在特定时期的融资需求是有意义的。但如果用于衡量企业经营活动现金流量的充分程度，意义就不大了。这是因为，企业的经营活动现金流量主要取决于企业核心利润获得现金流量的能力，资本性支出则取决于企业的战略安排。

从根本上说，除了经营活动现金能力超强的极少数企业外，企业资本性支出所需的资金绝对不能靠经营活动现金流量来支持，必须有另外的融资安排，而这个安排又取决于企业长期的发展计划和长期的战略安排。经营活动现金净流入量要解决再生产问题，然后要补偿固定资产折旧，补偿无形资产摊销，支付利息，还要给股东分红。所以资本性支出一般不能靠经营活动产生的现金净流入量来解决，要通过融资来另行安排。

（二）日常周转管理

只有用于日常经营周转的资金才存在存量控制问题。日常周转资金的存量问题取决于企业的管理能力和竞争力，这里的竞争力指的是企业经营活动获取现金流量的能力。货币资金要在保证自身周转不中断的条件下来做最恰当、资金额最低的安排，因为货币资金没有太大的增值幅度。但是只要让货币资金运动起来买点存货去卖，或者购买固定资产用于经营，它的增值能力一般会更强。在日常周转中，企业的管理能力和竞争力必然会转变为两个内容，一个是获得利润表的核心利润，另一个就是产生现金流量表中的经营活动现金净流量。简单地说，核心利润就是利润表中经营活动的部分，也就是毛利减掉税金及附加再减三项费用的部分。核心利润必须带来相应的现金净流量。如果企业的核心利润很好，现金能力很强，就根本不用担心这个企业的经营活动的现金周转有问题。后面，本书会详细探讨核心利润和经营现金净流量之间的关系。在流行的财务管理教材中可以看到，国外有一套方法可用于计算最佳现金存量，但国内很多企业几乎不计算最佳现金存量。实际上，现金存量的结构比较复杂，与环境的关系很大，因此，很难用数学公式计算。

综上所述，货币资金存量取决于很多因素，有理财理念问题、有盈利能力问题、有融资环境问题……所以保存多少现金存量是没有最佳答案的。有一种非常好的管理现金流量的方法就是现金流量预算管理。

二、以存货为核心的上下游产业关系管理

以存货为核心的上下游产业关系管理，就是与存货有关的收付款过程的管理，表现在资产负债表上，就是经营性的债权债务和存货的动态关系管理。

（一）购货付款安排

值得注意的是，尽管本书是在讨论企业财务报告分析的问题，但千万不要

陷到数字里面去，要注重挖掘数字背后的内容。例如，对于企业采购的付款安排，不同付款方式在报表上的对应关系会存在差异。如果在货物到达之前先付款，在报表里就会形成预付款项，货物到了以后就形成企业的存货；如果存货来了企业还没有付钱，会导致应付票据或应付账款项目的增加。

（二）销售回款安排

对于销售回款安排，有的教材习惯于计算应收账款周转率。但该指标并不一定会完全反映企业的销售回款全貌，其原因在于：

首先，企业的应收票据、应收账款和预收款项共同体现了企业营业收入的变动。应收票据是以商业汇票为结算方式形成的赊销债权，应收账款是以合同约定为基础形成的赊销债权。应收票据加上应收账款才是企业对外赊销而引起的债权总规模。另外，企业的销售活动不仅有赊销，还有预收款销售。三个项目也会影响营业收入的变化，因此，不能仅仅将应收账款与营业收入相比较。

其次，即使企业的应收票据和预收款项为零，该公式也是错误的。众所周知，企业的营业收入是不含销项增值税的。但是，企业在收取销售款项的时候，要向买方收取增值税。但是，在前面的公式中，营业收入是不包括增值税的。显然，上述应收账款周转率的计算公式并没有考虑增值税的问题。

最后，报表披露的应收账款是减去坏账准备以后的净额，很多企业的坏账准备规模在报表里和附注中都看不到。而企业债权周转的是原值，不是净值。尽管有的读者可能认为坏账准备不会太高，直接用应收账款净额计算不会有太大差异，千万别这样想，企业间的会计准备的估计差异极大。例如，某公司年末应收账款净值为30亿元，比年初显著下降，但审计报告中却存在注册会计师对这个处理的意见：注册会计师指出，企业报表的应收账款原值为50亿元，企业估计有20亿元难以收回，进行了计提减值准备的会计处理，于是就剩30亿元净值。因此，应收账款净值的下降并不一定代表赊销款项的收回。

由此可见，企业的结算方式是适应市场而作出的安排。所有的结算方式的安排不是为了展示周转速度，而是为了把存货卖掉。存货卖掉了，企业才可能有利润。因此，存货周转与结算方式是一种动态关系。不能脱离存货周转去讨论结算方式和债权周转问题。赊销是手段，而不是目的。企业赊销的目的是获得利润。保持存货周转、货款回收和盈利规模之间的动态平衡关系是企业管理艺术的问题，不可能计算出来，只能在实践中摸索。

三、营运资本管理

营运资本是指流动资产减流动负债。在 1993 年会计改革以后，我国才开始引入这个概念。营运资本最初源自美国，早期卖东西都是赶着马车去，马车上的那些货物以及与货物有关系的东西就叫"working capital"，比如货物卖出后得到的现金就是货币资金，赊出去的货物引起的债权就是应收账款，赊购进来的货物引起应付账款，预先对外付款还会形成预付款项等。总的来说，营运资本指的就是货币资金、应收账款、存货以及应付账款等经营性往来引起的项目。现在，营运资本的概念更加复杂，其中加入了应收票据、交易性金融资产、其他应收款等资产项目，以及短期借款、应付票据应付职工薪酬、应交税费、其他应付款等内容。营运资本的内容涉及四个方面：第一是采购付款的安排，第二是销售回款的安排，第三是短期借款的安排，第四是其他应收款的安排。把这四个方面的问题搞清楚了，就可以把企业的日常营运问题搞清楚。在此基础上，通过基础的财务指标分析结果，才能够深入探寻企业的营运资本的管理效率与效果。

第二节　非流动资产的管理与竞争力

一、固定资产周转率

固定资产周转率是分析固定资产营运效率的重要指标。为此，谈到固定资产的分析，很多教材热衷于谈论固定资产的周转率。固定资产周转率的计算公式为：

$$固定资产周转率 = \frac{营业收入}{平均固定资产}$$

由上述公式可知，固定资产周转率的计算方式并不一定能够全面反映固定资产的周转情况。例如，该指标会受到企业固定资产账面价值的影响较大。当企业所处行业较为成熟，固定资产原值在这个时期也比较稳定，累计折旧也比较稳定，则其周转率就会比较稳定。但当企业所处行业处于衰退期，固定资产折旧较大时，尤其是在极端的情况下当固定资产净值为零但还在使用时，周转率就会无穷大。这显然不符合逻辑。关键的问题是，企业用的是固定资产原值，不是净值。因此，计算固定资产周转率一定要用原值。

二、固定资产的规模和结构与效益及质量

固定资产的规模和结构及变化也会影响对固定资产的分析。固定资产一般是由业务引起的，所以固定资产的规模和结构的变化应该与存货的规模和结构（或者业务的规模和结构）相关，并且与市场需求密切相关。而企业资源的运用是要产生效益的，持续发展的企业在获得核心利润的同时，还要产生相当规模的经营净现金（即经营活动产生的现金流量净额）。从固定资产规模与存货规模之间的对应关系入手，我们可以在一定程度上考察企业固定资产的利用状况。对于存货，关键不在于存多少，而在于周转多少。但是存货的周转也只是手段而不是目的。企业的目的是要获取核心利润，并产生相应的经营净现金。因此，从存货、营业成本到核心利润，我们考察的是企业的效益状况。最后从核心利润的形成到经营净现金的获取，我们可以考察利润的质量状况。

一般来说，固定资产原值增加了，结构就一定会有变化。需要注意的是，固定资产一次性增加太多，容易形成市场有效需求不足的情况；也就是说，固定资产太超前就容易形成固定资产的闲置。此外，考察固定资产的利用状况。我们通常说营业收入与固定资产原值之间的关系表示了固定资产的利用状况。事实上，在企业技术水平没有显著变化的情况下，固定资产原值与存货规模之间应该有一定的联系。固定资产投入生产后所形成的不是产品的产值，而是存货的生产成本。

值得注意的是，虽然企业固定资产规模增加并不太多，但企业的存货规模大幅增加。通常来讲，一是固定资产技术水平有变化，或者企业在物流组织方式上有重大变化，企业需要储存更多存货；二是固定资产增加了，但是市场在短时间内对产品有更大的增量需求，导致企业的存货大幅增加；三是企业的生产与市场出现脱节，造成存货积压；四是企业有盈余管理（利润调节）的嫌疑，通过存货增加来调高当期毛利和核心利润。为此，我们需要结合固定资产的规模与结构，并考虑企业的具体经营产业，分析固定资产的管理与竞争力。

三、资源管理的综合效应

企业的有形资产（如固定资产、存货等）与业务有内在联系。比如，固定资产投入多少就可能实现多少产值，酒店有多少客房就能容纳多少客人等

等。但对于无形资产而言，我们却看到了一个有意思的现象：通常无形资产的范围广、内容多，但是入账的无形资产却很少。尤其是企业自行开发、研制的无形资产，在账面上就表现得更少了。出现这种情况的原因在于，无论是自创无形资产的取得成本还是受益期，均具有较强的不确定性。在会计处理上，一般入账的无形资产仅仅是外部购买人的部分。自创无形资产大多游离在财务报表之外。这样的会计处理，使得我们很难将无形资产的规模和结构与企业的固定资产和业务等结合起来进行分析。但必须强调的是，无形资产与有形资产有机结合才能使企业产生利润。因此，对企业资源管理的综合效应只能进行综合分析。总资产报酬率（利息前和税前利润除以平均总资产）和净资产收益率（即净利润除以平均净资产），可用来考察企业资产管理的综合效应。

本章小结

本章主要深入探索借助财务报告分析中分析企业的经营资产管理与竞争力。本章首先介绍了流动资产的管理与竞争力，借助相关财务指标分析，主要从货币资金与存货为核心的分析，考察企业流动资产的管理与竞争力，具体从货币资金存量管理与以存货为核心的上下游产业关系管理两个方面进行分析。其次，本章进一步分析非流动资产的管理与竞争力，具体而言，主要借助固定资产周转率、固定资产的规模和结构与效益及质量以及资源管理的综合效应分析，探索非流动资产的管理与竞争力。

思考题

1. 企业资产的管理与竞争力包括哪些方面？

2. 如何分析企业流动资产的管理与竞争能力？包括哪些财务指标？如何计算上述指标？

3. 如何分析企业非流动资产的管理与竞争能力？包括哪些财务指标？如何计算上述指标？

第八章 ● ● ●

在财务报告分析中看效益和质量

第一节　对利润表分层的基本概念

　　企业的效益主要体现在利润表上。但要了解效益的质量仅仅看利润表是不够的，要结合资产负债表和现金流量表。首先，我们介绍一些重要的利润概念，有些在前面的内容中已经涉及。先看利润表的基本结构。第一行营业总收入中的"营业"这一概念范围很广，既包括产品或者劳务的经营，也包括与管理、决策有关，且对利润有直接影响的信息（如资产减值损失等），还包括通常不被视为营业活动的投资活动产生的投资收益以及公允价值变动收益等。这必然会导致利润表里的营业利润与营业收入存在较大的不可比性。因此，我们有必要分层次认识利润表。

　　第一，毛利，即营业收入减去营业成本，反映产品的初始盈利能力。

　　第二，核心利润，即企业经营活动带来的利润［核心利润＝毛利－三项费用（销售费用、管理费用与财务费用）－税金及附加］。核心利润是我们分析企业经营活动盈利能力的核心。

　　第三，营业利润，包括非传统经营活动的利润。这里所说的营业利润和资产负债表中的经营资产的内涵不同，它包括投资收益等。

　　第四，利润总额和净利润。利润总额与营业利润之间的差异在于营业外收入和支出。利润总额减去企业所得税费用就是净利润。

那么，对利润表的分析一般是怎样的呢？主要包括三个方面：一是规模分析，主要是对营业收入、各项费用、利润的规模情况进行计算和分析；二是结构分析，即对利润的结构进行细化的分解，比较相关的项目，计算诸如毛利率、各项费用率等；三是趋势分析，查看企业在年度间的主要财务指标的变化及其趋势。

现在我们谈利润、看效益，就是要对利润的质量进行分析。关于利润质量的概念，在国内的文献里有两种表达，一种表达是"盈余质量"，另一种表达是"利润质量"。看企业的利润质量，可以从三个方面入手：一是对利润的实现过程进行考察；二是利润表中对利润的实现过程描述得很清楚，是要看利润的结构及其变化发展方向；三是要看结果，实际上，利润的结果是资产。因此，对资产质量的分析是对企业利润质量分析的应有内容。

简而言之，利润表的基本关系可以用收入减去费用等于净利润来表示。下面简要介绍相关概念。收入是指使利润增加的因素或项目，包括营业收入、营业外收入、投资收益等。但收入和收益有区别，收益往往指净值。费用是指使利润减少的因素或项目。我们所谈的收入和费用一定是针对利润表的。必须注意的是，企业利润的核心是核心利润。因此，对利润实现过程的分析应从核心利润的实现过程入手。

第二节　利润表层次的质量分析

一、营业收入的质量

关于营业收入的质量，主要涉及以下两个方面。

（一）收入的类型

根据企业的主营业务收入进行分类，是分析营业收入质量的重要基础。第一，需要看企业销售的产品或劳务的结构与竞争优势及其持续性。看企业的收入，必然要关注营业额的规模变化，但更重要的是要观察企业销售的产品或者劳务的结构变化。产品或者劳务的结构及其变化应该与企业的战略有非常清晰的关系。企业是干什么的、企业在行业的定位是怎样的，企业的产品有没有竞争优势，从利润表的营业收入状况中便可知端倪。利润表的后面一般还有分部报告，按产品结构、地区结构报告企业的收入情况。企业要保持持续的盈利能力，要靠战略、靠管理、靠技术、靠市场、靠服务等，总之，靠综合竞争优势。第二，需要看企业的业务依赖与风险。具体而言，需要分析企业的发展依赖的业务，以及这种依赖在未来的风险与企业实施的战略。例如，如果企业对某一类产品或者对某一个类型的产品过度依赖，会使企业对某些外界的变化因素特别敏感，这就会面临较高的经营风险。

（二）企业所在地区的影响因素

影响企业的地区因素主要包括以下方面。其一，考虑地区的经济发展后劲与企业业务发展前景的关系。例如，资源枯竭型城市必然会去寻找替代产业，但是，替代产业的寻找需要时间，替代产业的培育更需要时间。很多地区都会出现替代产业很难与原有产业形成恰当补偿的情况。这意味着，企业在选择产品市场时要考虑地区的经济总量、经济结构的调整对企业未来市场的影响。另外，特定地区对特定产品的品牌偏好、特定地区的人文环境特征等都会影响企业在特定地区的营销策略和发展前景。其二，考虑地区的政治经济环境。特定地区政治经济环境的不确定因素比较多（如行政领导人的更迭、特定地区经济政策的调整等），会对企业原有的发展惯性产生较大的影响。其三，考虑国际政治经济环境的变化。比如战争导致某些地区动荡，金融危机导致某些地区的发展停滞，以及低碳经济等对企业所在地区和行业产生影响等。

二、费用的质量

首先简述费用与资产之间有什么关系。简单地说，费用是为实现收入而发生的资源消耗。而为购买资产（比如购买设备）消耗的资源变成资产的成本后，在被消耗之前属于资产，在未来还可以利用。因此，资产和费用是同性的。

前面我们提到，费用是使利润减少的因素或项目。费用按功能可以分为成本和费用（这个费用是狭义的费用）。营业成本是产品的进价或者生产成本。销售费用、管理费用、财务费用等明显反映了是在哪些方面发生的费用和消耗。要了解费用的质量，可考虑以下方面。

第一，费用的发生代表了一定的工作状态。以前我们强调"少花钱，多办事"，但这不是规律，规律是"花多少钱，办多少事"。许多费用都是固定的，难以降低，比如与企业发展前景有关的费用、用于促销的广告费、研发费、人力资源开发费用等。虽然有些费用是可以通过决策来改变其规模的，但是不发生这些费用，又很难说企业是有前景的。所以在费用控制方面，不要片面强调节约，要强调效用，即观察费用发生后带来了什么效益。

费用的发生与人的行为和心理的关系问题。这里我们讨论一下预算管理问题。编制预算的方法有很多，在管理会计、财务管理中都有涉及。在预算编制过程中，我们应该明确预算编制的导向。单位的财务监管部门在编制预算尤其是经营预算（企业的预算除了经营预算外，还包括资本性支出预算以及相应的筹资预算等）时想到的是什么？普遍的情形是，财务部门首先是以企业确立的某个特定时期的财务目标尤其是利润目标为基础，去平衡各种预算因素。于是，预算过程就开始了。为了实现一定的盈利目标，就要确定目标销售收入或者营业收入，这就形成了销售预算；然后考虑生产预算；再考虑采购预算、人工预算、各项费用预算等等。

上述编制预算的方式存在一定的合理性。但这种预算编制方法的最大缺陷在于：关注短期过多，关注经营过多，关注战略较少。

第二，费用的发生与人的行为和心理的关系问题。这里我们讨论一下预算管理问题。编制预算的方法有很多，在管理会计、财务管理中都有涉及。例如，在预算编制过程中，我们应该明确预算编制的导向。单位的财务监管部门在编制预算尤其是经营预算（企业的预算除了经营预算外，还包括资本性支出预算以及相应的筹资预算等）时想到的是什么？普遍的情形是，财务部门首先是以企业确立的某个特定时期的财务目标尤其是利润目标为基础，去平衡各种预算因素。于是，预算过程就开始了。为了实现一定的盈利目标，就要确定目标销售收入或者营业收入，这就形成了销售预算。然后考虑生产预算，再考虑采购预算、人工预算、各项费用预算等内容。在平衡了各种预算因素以后，预算就编制完成了。这样编制预算对不对？当然有一定的合理性。但是，这种预算编制方法的最大缺陷在于：关注短期过多，关注经营过多，关注战略较少。

如果关注企业的战略，就有另外的预算编制思路。第一，根据企业确立的发展目标，确定企业在未来预算期应该达到的市场地位。第二，根据目标市场地位与现有资源之间的差距，来动员或者增加相应的资源，为企业的发展目标奠定资源基础。第三，根据企业的发展目标，对现有资源进行调整，即有的需要增加，有的需要减少或者退出企业。

由于调整涉及企业战略安排，因此，会优先保证资源配置。显然，这种战略导向的预算编制与经营目标导向的预算编制的最大差别在于，战略导向的预算更具有前瞻性。当然，在企业实际的预算编制过程中，不能完全割裂和对立上述两种预算编制方式。在具体的预算编制过程中，普遍采用两种方法。一种是刚性预算，也叫"铁预算"。预算一经确定，就要严格执行。这种预算方法的好处在于，其编制的着眼点一定是目标导向或者控制导向的。这种预算有其合理性，但是缺少动态的概念因为预算必然不会十分准确，如果强行要求准确，就会造成由于预算博弈而带来的浪费。另外，如果预算控制过于严格，可能削弱员工的积极性和凝聚力，在控制成本的同时也就控制了增量的收入。结果是不会带来效益，只能造成浪费。另一种是弹性预算。弹性预算是指在预算编制过程中以业务量的变化为基础对预算进行弹性调整的预算编制方法。弹性预算比刚性预算改良了很多。但是，很多预算关注的往往是业务弹性，而在实际工作中应更注重心理弹性。心理弹性是指要考虑预算控制作用对象的心理反应以及特定环境条件下的行为特征问题。比如，在差旅费的管理上，很多单位采用的是严格的等级管理：达到什么级别，就住什么样的酒店。因此，我们经常看到一些会议的主办单位为了让参会者回去报销方便，而在会议通知上注明：有三种酒店可以选择，参会者可以根据自己单位的具体情况选择酒店。由于有的单位在差旅费的管理上过于严苛，导致参加会议的人在会议期间不是代表这个单位去展示形象、为这个单位争取利益，而是在同行面前不断地抱怨自己的单位。

因此，适当宽松的费用可以提高员工工作的积极性、创造性和忠诚度，对企业是有益的。否则，看得见的费用控制住了，看不见的损失可能会更大。也就是说，企业的预算管理应该更多地在一个动态的系统中进行。如果在企业的预算管理中考虑心理因素，一定的增量支出所带来的效用会远远高于增量的消耗。只要企业在发展，预算管理的目标就不应该是控制费用发生的绝对额。这里提及预算管理中的心理弹性问题，并不是要给读者一个答案，而是想说明在很多情况下，只要企业在发展，费用一般会逐渐增长，很难下降。费用管理，不是简单地控制一个绝对额的问题，而是要促进企业战略的实施。

三、利润的结构质量

毛利率的走势是我们首先应该关注的问题。毛利率在很大程度上反映了企业产品的竞争力，而产品的竞争力又是企业竞争力最重要的表现。下面我们来看看利润的结构质量，前面已经介绍了一些基本的利润概念，接下来具体分析。这里主要强调两方面的内容：

第一，存货管理和利润操纵。前面我们谈到一种现象，企业的利润有时无法带来现金流量。这时利润的增加往往伴随着另外两个重要项目的变动以及应收账款和存货的增加。我们看下面的两组基本关系：

期初存货 + 本期增加存货 = 期末存货 + 营业成本毛利 = 营业收入 − 营业成本

例如，某企业的年度平均净资产（股东权益）为 1 亿元，年内实现净利润 1 亿元，则净资产收益（报酬）率为 100%。如果经过评估，年末净资产（股东权益）增值幅度很大，导致评估后平均净资产为 2 亿元，但是企业的盈利能力没有变化，还是 1 亿元，那么此时的净资产收益率就直接降为 50%。盈利能力之所以显著下降，是因为评估使股东权益的价值提高了。

第二，入资的资产折合的股份数额。入资的资产折合的股份数额将直接影响其他股东在企业的相对持股比例。在新的股权加入企业的情况下，总股份数会增加，原来的其他股东会相应降低持股比例，减小在企业的话语权。

四、企业估价不能忽视的因素——小金库

小金库是指应该入账而没有入账的账外资源，在一些企业又被称为账外账。不管出于什么原因设立小金库，都会导致税款的流失。因此，小金库属于导致国有资产流失的非法账外存在。有些读者可能会问：还有不该入账的账外资源吗？当然有。比如对"清华大学"这四个字，它是对清华大学最重要的无形资产之一，但是没有入账。按照现在的会计实践，这四个字是不需要入账的，因此，不属于小金库。小金库的实质是一个单位的核心管理层为了局部利益而违法的账外存在。小金库的存在如果达到一定规模，就会严重影响存在小金库的单位的绩效评价。如果有小金库的企业发生并购，还会影响被并购企业的价值评价。因此，有必要掌握小金库的识别方法识别小金库，要从它的基本特征入手：如果有小金库，一定会严重恶化表内业绩和表内资源。因此，可以从以下三个方面的迹象对小金库的规模进行判断：

第一，报表反映业务流转环节不完整。如果有小金库存在，业务流转的全过程就可能没有完全纳入会计系统核算，就会存在业务流转和信息流转出现脱节、中断的情况。这种脱节、中断表现为业务和信息在空间上和时间上的脱节与中断。单纯的业务和信息的脱节是不可避免的。但是，如果在脱节的同时还伴随着中断——如遗漏某些业务，就可能是故意遗漏，并因此形成小金库，比如在制造企业，普遍存在边角料。一般来说，企业的边角料成本都计入主营业

务成本。在账上，边角料没有成本。因此，边角料的销售净收入就是利润。一些单位没有将边角料卖掉后的收入计入自己的会计系统，而是形成了账外账，这就是小金库。此外，企业的副产品也容易产生小金库。所以，企业的管理层要清楚地了解自己所管理的企业的业务流程。

第二，有异常高的资源消耗。资源消耗"高"是根据内控、经验判断出来的。企业的资源消耗高，一般有两种情况。一种情况是投入与产出的实物量的对比在企业成本报表上的反映与企业的内控或者经验不相符，报表上反映出来的成本消耗明显高于内控或者经验。例如，一家有色金属企业的成本报表显示，企业在各个月度原材料和产成品的比例关系大概保持在 $2.06 \sim 2.10:1$ 的水平。但实际上一线工人原材料和产成品的关系是 $2:1$ 左右。我们发现企业的内控目标是力争达到 $1.90 \sim 1.95:1$ 的水平。当然，$2.06 \sim 2.10:1$ 与 $1.90 \sim 1.95:1$ 都可以说是 $2:1$，但报表的消耗显著高于内控消耗还是应该引起关注。为什么报表里的消耗更高呢？上述情况表明很可能是产成品没有入账，而这些没有入账的产成品就是小金库的重要组成部分。千万不要小看这 10% 左右的误差，它对公司的影响可能很大。因为这些没有入账的账外产成品是没有成本的，一经销售，就是利润。另外一种情况是虚报冒领一些资源的实际消耗远没有达到报表上反映出来的消耗水平。比如一些企业的各种耗材的消耗量远远超过企业的正常消耗量，这种反差就可能是企业虚报冒领、形成小金库的迹象。

第三，报表与现场出现显著反差。如前所述，当存在小金库时，报表内的资源和效益必然不如应有的水平高，也就是说，报表上的资产和利润比较低。那么，这些在表外的资源又用在哪些方面了呢？一般来说，小金库达到一定规模时，会用于内部职工的福利和奖励。对于非上市公司而言，绝大多数企业的员工是没有机会看到报表的。企业员工感受企业效益的主要途径有：一是听领导在大会小会上的讲话；二是看企业业务的规模和市场竞争态势的变化；三是看自己在单位拿到的实惠（包括工资、奖金和其他福利等）的状况。当一家企业的财务报表显示效益不怎么样，而职工认为企业效益不错，工资、福利等待遇都很好的时候，员工感觉良好的表情就是企业可能存在小金库的信号。从以上三个方面，我们能判断出一个企业小金库的大概情况。因此，在并购交易时必须注意小金库这一因素，尤其是一些基础工作比较薄弱的大企业，存在小金库的可能性更大。

本章小结

　　本章主要聚焦于财务报告分析在考察企业效益和质量中的应用。本章首先引入利润表分层的概念，为后续分析奠定理论基础，具体分为从收入质量与费用质量两个维度阐述利润表的分层。其次，在此基础上介绍利润表层次的质量分析，具体分为营业收入的质量、费用的质量、利润的结构质量以及企业估价不能忽视的因素（小金库）等内容。

思考题

1. 如何理解利润表分层？
2. 营业收入的质量分析包括哪些内容？
3. 费用的质量分析包括哪些内容？

第九章 ● ● ●

财务报告中的财务状况质量分析

第一节　资产质量概述

一、整体质量

资产质量的第一个层面是资产的整体质量。资产的整体质量是指资产在整体上满足企业发展目标的质量。企业的发展目标是什么？每个企业可能有不同的目标，但是在财务上的目标要求却是一致的：企业的资产在整体上必须有为企业股东权益的非入资性增值做出贡献的能力。股东权益的增值可以有三个途径：一是股东入资，形成股本或者实收资本以及部分资本公积；二是利润积累，形成盈余公积和未分配利润；三是非利润性资产增值，在现在的合并利润表里称为"其他综合收益"。显然，资产质量的贡献主要体现在后两种增值上。首先讨论利润性增值。企业怎样才能有利润呢？

利润一定是净资产的非入资性增值。一般来说，企业资产增值是否产生利润，关键在于是否通过对外交易而增值。比如，销售一个进价 10 元的商品获得营业收入 15 元，就产生 5 元的毛利——利润是因对外交易而获得的增值。

但是，按照现行的会计准则，没有对外交易也能有利润，比如"公允价值变动收益"就是由于交易性金融资产的期末价值高于历史成本而获得的账面"收益"。比如，你持有的短期交易性股票以 5 元一股买入，现在涨至 8 元一股，涨的这 3 元就是利润。但这 3 元能看不能用。如果股票下跌，利润就会减少。所以公允价值变动收益就是实实在在的泡沫利润。但按照现行的会计准则，这就是利润。还有一种没有交易也能自动产生盈亏的情况就是企业持有的外币由于汇率变化而产生的盈亏。这种变化不通过交易就会自然形成盈亏。

上面这两种是特例，大多数情况下利润是因对外交易而产生的，没有交易就谈不上利润。再看看非利润性增值。非利润性增值又称其他综合收益，指的是有些资产的价值发生变化了，但不属于利润，按照会计准则的要求进行账面调整而引起的增值。它一般不会在企业股东权益非入资性增值中占很大比重，也不是我们分析的重点。

以前我们非常重视利润性增值，不太重视非利润性增值。但是非利润性增值也很重要，因为从长期来看，利润性增值和非利润性增值都不可或缺。对其他综合收益有兴趣的读者可以看看任何上市公司年度财务报告后面的财务报表及其附注。总而言之，资产的整体质量应该表现为一定规模的资产能够为企业净利润和其他综合收益的较快增长做出企业股东所期望的贡献。

二、结构质量

资产质量的第二个层面是结构质量。关于资产的结构质量，我们可以从两个方面来考察。

首先，考察企业经营资产的系统优化，其变化有利于促进企业盈利水平的提高。企业是以盈利为目的的经济组织，因此，对经营资产质量的考察，绝不在于资产规模的高低（当然必须有一定的规模），而在于各项经营资产之间是系统优化的，这种优化的衡量标准就是能够以较低的经营资产规模获得更多利润，并产生较为理想的现金净流入量。

在经营资产结构的系统优化方面，应该特别注意的是：第一，固定资产的规模、结构与存货规模、结构以及周转存货的适应性（在企业不生产存货而提供劳务的条件下，则是固定资产的规模、结构与业务规模、结构的适应性）；第二，存货规模、周转速度与商业债权（包括应收票据和应收账款）的收款之间的动态关系；第三，企业经营资产的整体规模与核心利润规模之间的关系；第四，核心利润与经营活动产生的现金净流入量之间的关系。

其次，考察控制性投资资产的个体盈利能力以及不同业务板块盈利能力的优化问题。控制性投资资产就是被投资者的经营资产。因此，对于控制性投资质量的分析，在有条件的情况下应该以被投资对象的财务报表为基础进行经营资产的分析，否则只能以合并报表为基础进行综合分析。对于业务板块的盈利能力的优化问题，根据企业不同业务板块的市场状况和盈利能力，企业就可以考虑所在业务板块的盈利前景对自己已有的投资结构进行调整，对未来的投资作出安排。

三、个体质量

资产的整体质量好，必须以结构质量好为前提。结构质量好，又必须以个体质量好为前提。那么，怎么评价个体质量呢？简单地说就是四个字：满足需求——满足企业对特定资产的个性需求。在讨论资产质量时，我们没有讨论资产的物理质量，而是更多地讨论特定资产满足企业特定需求的质量。对于特定企业而言，各项资产的质量高低不在于其自身的物理质量，而在于企业想用它做什么，以及特定资产对企业需求的满足程度。即使一项资产物理质量再好，如果满足不了企业的特定需求，也是不良资产。企业对资产的需求及其质量表现可以归纳为：

第一，变现质量，即转化为现金的质量。流动资产各个项目的首要质量就是变现质量，比如债权的可回收性、交易性金融资产的可出售性、存货的周转与变现能力等。

第二，被利用的质量，即长期性经营资产（如固定资产和无形资产等）满足企业生产经营要求的质量。这里我们主要关注长期经营资产的利用率和产生增量利润这两个方面。有些单位长期经营资产的物理质量极好，但是闲置率极高，这就难以产生利润，因而这些资产应该归于不良资产。

第三，与其他资产组合增值的质量。这是企业管理最大的魅力。实际上，流动资产和长期经营资产的组合质量就是组合增值的质量。当我们考察身边的企业时就会发现，生产要素差不多的企业，由于品牌不同，管理者不同，特定环境不同，导致其盈利能力的差异很大，企业的市场价值不同。这反映的就是资源整合的质量问题。因此，一项资产在没有明确其具体的用途之前很难绝对地说是优质资产或不良资产。

对于一个特定企业来讲，已经入账的资产是能够区分优质资产和不良资产的。不良资产主要存在于呆滞的存货、难以回收的商业债权、其他应收款、包含潜亏因素的长期股权投资，以及闲置的固定资产等之中。另外，关于企业资产质量的相对性，要注意两点：企业内部在不同时点的资产质量是相对的；企业之间相同资产的质量也是相对的。某项资产在企业内部今天是优质资产，明天就可能是不良资产。同样的资产对不同企业的价值肯定也是不同的。

四、分析的重要原则

在进一步分析之前，先介绍几个重要的原则，它们对资产质量的分析特别重要。

（一）历史成本原则

历史成本解决的是特定资产以什么价值计入资产负债表的问题。因此，一般在谈历史成本时指的是资产的历史成本。资产的历史成本是指企业取得特定资产的累计资源消耗。比如，一本书的取得成本取决于企业取得时所消耗的资源。假设你取得的这本书是别人送的，你没有付出任何代价，则你取得书的成本为零；如果是批量购买，并按照七折的价格买来的，则成本就是书的定价乘以 0.7；如果是自己开车去书店全价买来的，路上闯红灯被罚款 200 元，停车费花了 10 元，在不计算汽车消耗的汽油费和汽车的折旧费的情况下你取得书的历史成本就是书的原价加上 210 元。

可见，同样的资产，由于取得方式不同、购买批量不同、运输条件不同以及使用人的差异等因素，历史成本表现出极大的差异。这既是历史成本的特点，也是历史成本的缺陷——不能面向未来，只能反映历史的资源消耗。现在，企业资产的初始计量大多是以历史成本来确定的。

（二）公允价值原则

公允价值是指站在现在的立场，面向未来看资产的价值。当我们以财务信息为基础面向未来作出决策之时，仅仅依据历史成本是不够的，这时就要考虑公允价值。按照我国的会计准则，公允价值在对个别资产的后续计量中是可以采用的。比如，对于交易性金融资产，要按照资产负债表日的价值对历史成本进行调整，并把历史成本与公允价值之间的差异作为"公允价值变动收益"记入利润表。对于以公允价值计量且其变动计入其他综合收益的金融资产，要按照资产负债表日的价值对历史成本进行调整，并把历史成本与公允价值之间的差异作为"其他综合收益"记入股东权益变动表（没有作利润处理，属于资本公积）。值得注意的是，我们需要从以下两个视角考虑公允价值。

第一，融资目的。在企业的融资过程中，当某项资产用于对企业的债务进行保证时，就要用公允价值。也就是说，在融资时，对债务提供保证的是公允价值而不是历史成本。比如，企业原来 2 000 元每平方米的房屋现在升值到 2 万元每平方米了，不管企业是否在账上进行会计处理，在融资保证的问题上，从现在的立场来看，这 2 万元每平方米就能对债务融资作出保证。所以在以融资为目的时，资产的公允价值应该发挥作用。至于公允价值的波动性，则是另外的问题。当将公允价值用于对债务融资作出保证时，企业应该对公允价值的未来波动有合理的估计。

第二，绩效评价目的。在进行绩效评价时，应该更多地考虑历史成本。理论上的先进性和实践上的适用性往往是脱节的，不论是在我们的观念上还是在会计的实践上，并没有因为公允价值的出现而要求企业按照公允价值去补偿资产的消耗。如果用历史成本，很多决策就可以正确地做出；如果一味地强调公允价值的科学性和先进性，很多决策将难以做出。例如，如果你有一套闲置的房屋，不打算出售，而是一直出租。房子取得时的成本是 8 000 元每平方米，假设最初每月租金为 1 500 元，现在已涨到每月 3 000 元。在此期间，你的房价也在不断上涨，现在已达到 32 000 元每平方米。

按照历史成本去考虑问题，你认为这套房屋用于出租是合算的：租金一直在涨，且租金远远高于与房子相关的各种固定开支，如物业支出等。同时，房屋的市场价格也一直在涨，你心里十分高兴：房屋升值了。

但是，如果用公允价值来看这个决策，你可能就会感到划算：现在房价已经涨到 32 000 元每平方米，是原来价格的 4 倍，但租金只涨了 1 倍。如此看来，真是太不合算了。应该怎样看待这个问题呢？房主的出租决策是常规的、正常的决策。决策的正确性在于：闲置资源的机会成本是零，不管它的历史成本或者现在的公允价值是多少。只要闲置资产所带来的收益大于与其相关的支出，就对资产的持有人有贡献。请注意，在不出售房屋的情况下，如果想获得现金收益，只能选择出租，但房屋的出租价格主要由租赁市场决定。因此，在进行绩效评价时采用历史成本可能会有更好的效果。

（三）客观性原则

按照客观性原则，企业的会计信息要满足两点要求：第一，要可验证，即会计信息的处理是有依据的；第二，估计判断要恰当即会计处理遇到估计的内容时，估计和判断要合法、合规、合理。这说明，企业的会计信息是在一定的弹性范围内可接受的信息，会计信息应该具有非主观故意歪曲性、非主观故意误导性。

（四）重大性原则

重大性原则主要表现为：对某些经济业务，因其金额或数量较小而不单独反映，对揭示企业的财务状况不会产生重大影响，因而在处理时采取与其他项目合并以突出其他重要项目的做法。至于哪些项目可视为重要项目，则应视企业的实际情况而定。可见，重大性是一个主观性非常强的判断。

（五）稳健性原则

稳健性原则是指企业在可选择的情况下，应选择低估收入和资产、高估费用和损失的方法，以促进企业的长期发展。允许企业采用稳健性原则的情形有：对各种质量下降的资产计提减值准备，对企业进行预计负债的账务处理，对部分固定资产可以采用加速折旧法等。需要注意的是，企业往往会有选择性地运用稳健性原则，尤其是在年度间利润波动幅度比较大的情况下。为此，当宏观经济环境存在剧烈变动的情况，财务报告的分析主体应重点关注相关报表项目或指标变动的原因。

第二节　资产质量分析的内容

一、货币资金质量分析

在货币资金的质量分析中，我们主要关注以下方面。

（一）结构分析

企业财务报表的附注中对三类货币资金都有披露：现金（库存现金）、银行存款、其他货币资金。其他货币资金主要指限制了自由支付的货币资金。这部分资金的比重不宜过大，对自由支付的限制越小，货币资金的活力就越强。在融资过程中，我们要尤其注意被限定用途的货币资金金额。此外，要注意银行存款的内部结构——币种、汇率的不同可能导致币值差异问题。外币会由于汇率的变动而自动地减值或增值。

（二）付款过程的控制

从货币资金管理来看，对付款的控制不仅仅指最后支付环节的控制，而是始于采购需求的过程控制。

（1）需求产生的控制。对付款过程的控制涉及局部与整体利益的一致性问题。我们应该考虑需求的产生是为了局部利益还是为了整体利益；若为局部利益而产生的需求，这种需求是否与企业的整体利益一致。企业的支出通常有两种：一种是自上而下安排的支付，比如说董事会做出决议要上新的生产线等。这种支付一般应视为符合企业整体的利益，或者符合企业的控制性股东的利益。另一种是自下而上产生的支出，大到投资，小到日常开支。自下而上产生的支出，往往容易站在局部立场来考虑问题，对这种支付要求与企业整体的利益关系需要做出权衡。权衡局部与整体的利益关系只能由"一把手"来完成。

（2）采购过程的控制。关于采购过程的控制，我们要注意采购的合规性和效益性问题。也就是说，采购过程既要合规，又要有利于企业效益的产生，即在合法合规的基础上尽可能采购相同质量条件下成本较低的物资。

（3）入库实物数量和质量的确定。在入库实物数量和质量的确定方面，很多企业在管理上容易出现问题。我们在管理上有一个思维惯性：特别关注花了多少钱，而不那么关注买了多少东西。在大宗的原材料、设备的采购过程中，要搞清楚企业采购物资的实物数量和质量受到很多因素的制约。例如，在途损耗问题，难以确定多大比例的损耗是恰当的；计量误差问题，难以确定计量器具的误差率；技术手段问题，有的物资的质量是需要技术手段检测的；用人问题，用不同的人进行入库实物数量和质量的检测，效果会有显著差别。对这个环节容易忽略的原因还在于，入库实物数量不足和质量欠佳不会引起现金流出量的增加。但实际上，这会引起单位采购物资成本的增加，并最终降低企业的效益。

（4）具体支付环节。具体支付的控制也就是支付命令的下达，企业对此要加强控制。这是货币资金流出企业的最后一道关。

二、商业债权质量分析

商业债权包括预付款项、应收票据和应收账款。下面主要讨论后两者的质量分析。

关于商业债权质量，要注意以下方面：

第一，把应收票据与应收账款相加，先比较年末与年初的规模差异，再比较年末与年初的结构差异，横向分析规模与结构的变化，看回款的正常性。有的企业虽然应收款项年末比年初多，但是应收票据占比也显著提高，在应收款项结构优化的条件下，企业的赊销回款应该没有问题。

对于应收账款不断增长的情况要特别关注。在企业以虚增销售收入方式来"扩大"企业业务规模的情况下，营业收入的增长会带来应收账款的显著增长。

第二，要关注债务人的构成。首先要看债务人的信用等级构成。但要注意信用等级的动态性；其次要看债务人的部门和所有制构成（或者资本结构），看是什么股权结构的组织不愿意还钱；再次要看债务人的稳定性与波动性，具有波动性的债务人往往风险较大，要特别关注；最后要看债务人的地区构成，不同地区的经济环境可能有显著差异。

第三，要关注债务的内部经手人构成。在分析时，我们在关心"谁欠的"的同时，更要关心"谁干的"。这里涉及内部职工的业务素质和道德。

三、投资活动现金流量的质量分析

投资活动现金流入量代表企业投资的回收与收缩。既然是投资，就一定与扩张相关。所以我们要了解投资活动现金流出量所具有的战略含义。

第一，从投资流出量的结构看战略。购建固定资产和无形资产是对内扩大再生产；对外长期股权投资尤其是控制性投资是对外扩张，它的持续拉动效应能够使企业以较少的资源撬动较多的其他企业的资产。因此，从投资活动现金流出量的规模和结构分布就可以观察到企业的战略调整信息。

第二，看现金流出量变化与效益（或效用）的关系。简言之，对于本公司的购建固定资产、无形资产和其他长期资产支付的现金要关注持续增加的固定资产对本公司营业收入与核心利润（效益）的影响，关注在建工程规模的变化与固定资产规模变化之间的关系。虽然我们并不指望在建工程立即变成固定资产，固定资产马上变实际利用的产能，但是从在建工程到固定资产、从形成固定资产产生效益的时间不能太长。

对于对外投资尤其是控制性投资支付的现金，要特别关注现金流量报表中购建固定资产、无形资产和其他长期资产支付的现金与资产负债表在建工程、固定资产规模以及营业收入和核心利润之间的关联度。要注意的是，在建工程规模过大、转化成固定资产的时间过长、短时间内企业固定资产原值增长过快，都可能使得企业近期的财务效益下降。

四、合并报表与财务状况质量分析

随着企业集团的发展，企业财务报表都有两套数：母公司数和合并数。下面我们分析合并报表中所包含的财务状况质量信息。

（一）合并报表的若干认识问题

我们可以将企业的盈利模式分为三类：经营主导型、投资主导型以及经营与投资并重型。对于经营主导型企业，可按照"经营资产—核心利润—经营净现金"这个思路进行分析。

投资主导型企业的控制性投资一般比较大。其母公司报表只包括三个主要的项目：货币资金、其他应收款和长期股权投资。在本书前面章节的内容中已论述，企业的控制性投资就是被投资者的各项经营资产。但是这种概括性的表述使我们很难对投资的资源结构进行了解和分析，所以需要把企业的控制性投资进行分解和还原，这就形成了辅助说明长期控制性投资的合并报表。

一般来讲，投资的拉动效应会导致报表越合并越大的现象。但是有的时候，合并报表总资产比母公司总资产还少。这是因为子公司整体上严重亏损，已经处于整体资不抵债的状况。这种情况表明控制性投资在整体上是失败的。分析投资主导型企业，应该按照"母公司控制—子公司核心利润（体现在合并利润表上）—合并现金流量表的经营净现金流量"的思路进行分析。

第三类企业就是经营与投资并重型企业，即以经营与投资两种方式分别发挥效应的企业。将第一类和第二类企业的分析方法结合起来，就形成了第三类企业的分析方法。

（二）个别报表的特征

必须强调，合并报表是以个别企业的报表为基础编制的。因此，我们有必要先了解个别报表的一些特点。

第一，个别报表所代表的企业存在：每一个企业都以自己的资源为基础开展各种活动。

第二，企业以账簿记录为基础编制报表。

第三，在报表的编制过程中必须实现五个相符：表账相符、账物（实物）

相符、账证相符、账账相符和表表相符。

第四，常规的财务比率分析有意义：比率分析大多是针对特定企业的。比如一个公司的存货周转率有意义，但是对全社会的存货周转率分析还有意义吗？当然没有意义。对一个集团的存货周转率计算有意义吗？也很难说。如果企业集团内的业务关联度不大，一个集团里有从事房地产的、经营商场的、办教育的，单独计算每个企业的周转率或者加总计算都没有意义。这一点要特别注意。

（三）合并报表的特征

相对于个别报表而言，合并报表存在以下特征：

第一，合并报表所代表的企业并不存在：合并报表所反映的主体是会计意义上的主体，不反映任何现存企业的状况。比如子公司的资源是子公司自己管理和控制的资源，但是这些资源不可能在合并报表的范围内任意调动。

第二，总资源不代表任何企业可支配的资产：只代表一种存在，不代表可以对其进行控制。

第三，不能作为针对集团内个别企业的决策依据：和谁做交易就要看谁的报表，不能看着合并报表作决策。

第四，常规的比率分析经常会失去意义：合并报表是以报表为基础编制的，个别报表是以账簿记录为基础编制的。在合并报表条件下，许多周转率指标已经失去了意义。

（四）合并报表与企业财务状况质量

实际上，我们在前面关于战略信息的解释的大量内容就是对合并报表的分析。下面我们再补充分析一下合并报表所展示的其他方面的财务状况质量信息。

1. 集团内母公司、子公司的资源分布与资源结构状况

查看合并报表，首先可以帮助母公司的股东了解母公司所控制的集团内的资源分布与资源结构状况。如果合并报表数与母公司数差别不大，那么编制这个合并报表就没有意义。母公司报表与合并报表相同项目的差异能说明资源的分布情况。

2. 帮助判断内部关联方交易的程度

这里要注意区分内部关联方和外部关联方。内部关联方，是以自己为母公司的集团内部的有关各方。外部关联方是指自己的母公司集团外部的关联单

位。内部关联交易在外部看来没有意义，但对于内部是有意义的。内部关联交易的发生经常会伴随着财务报表中项目的"越合并越小"。可能出现"越合并越小"的项目及其含义为：

第一，债权、债务可能越合并越小。比如，很多企业的其他应收款、预付款项越合并越小，差额一般表明子公司占用的资金；债务越合并越小，则可能意味着本公司占用子公司资金。

第二，长期股权投资和投资收益越合并越小。长期股权投资越合并越小，意味着企业的控制性投资规模、投资收益越合并越小，差额表明了子公司的分红规模。

第三，存货、营业成本和营业收入越合并越小。这涉及内部销售问题。

3. 比较母公司与纳入合并范围的集团子公司在管理效率方面的差异

资产的管理效率体现在以下方面。第一，存货的毛利率，如比较合并报表与母公司报表在存货毛利率方面的差异，可以反映母公司和子公司产品的比较竞争优势；第二，固定资产的差别周转速度，如比较合并报表与母公司报表在固定资产原值周转速度方面的差异可以反映母公司、子公司固定资产推动营业收入的能力差异；第三，各项利润表费用的有效性，如比较合并报表与母公司报表在各项费用率方面的差异，可以反映母公司、子公司在费用有效性上的差异。当然，财务报告分析主体在分析费用情况时也要将企业的管理和经营方式结合起来考虑。可回顾前面讨论的通过比较母公司、子公司费用的情况来考察企业的集团筹资与销售费用和管理费用的管理模式等。

4. 吸纳少数股东入资的成效

吸纳少数股东入资是母公司试图分担风险的一种努力，或者是吸纳其他资源谋求更大发展的一种努力。通过吸纳少数股东入资，企业可以用较少的资源支配更多的资源。

（五）合并报表条件下的财务比率运用

在合并报表条件下运用比率分析要特别谨慎。

第一，完全可以用的财务比率。利用合并报表信息，一些比率是完全可以用的。比如净资产收益率、总资产报酬率、毛利率、核心利润率、销售费用率、管理费用率、经营活动产生的现金流量净额与核心利润的比率等，都可以直接用来反映整个集团的效益状况。

第二，谨慎运用的比率。某些比率是不宜采用的，如展示某项资产活力的比率——存货周转率、固定资产周转率等。此外，流动比率、资产负债率等比率已经失去了个别企业条件下的意义。

本章小结

本章重点介绍在财务报告中的财务状况质量分析的应用。本章首先介绍资产质量，具体包括整体质量、结构质量与个体质量三个方面，并阐述资产质量分析的重要原则，具体包括历史成本原则、公允价值原则、客观性原则、重大性原则以及稳健性原则五个方面。其次，本章阐述资产质量分析的具体内容，具体包括货币资金质量分析、商业债权质量分析、投资活动现金流量的质量分析，以及合并报表与财务状况质量分析四个内容。其中，合并报表与财务状况质量分析是实现财务状况质量分析的重要内容，应从合并报表与个别报表的特征以及合并报表的财务比率的维度进行分析。

思考题

1. 资产质量的概念是什么？包括哪些方面？

2. 资产质量分析包括哪些原则？

3. 资产质量分析的内容是什么？不同分析内容中，常用的财务分析指标是什么？

4. 企业个别财务报告的资产质量分析与合并财务报告的资产质量分析的区别是什么？

第十章

财务报告分析中的风险分析

第一节　经营风险与财务风险

在企业的经营管理活动中，对风险的分析与防范越来越重要。实际上，现在的管理界对风险的研究已经很多了。但是，以报表为基础的风险分析还不是很系统。那么，从报表上可以揭示企业的哪些风险呢？报表上看不到的企业风险又有哪些呢？

我们先讨论报表上可以看到的一般风险。一般来说，通过报表识别的风险可以分为经营风险和财务风险。

一、经营风险

资产负债表里的资产包括经营资产和投资资产。经营资产肯定是要用来进行经营活动的，因此在三张报表中有着非常清晰的线：经营资产产生核心利润，核心利润产生经营活动的现金流量净额，这是第一条线。对于投资资产，我们要重点关注控制性投资。企业的控制性投资一定会形成子公司的经营性资产，从而产生子公司的核心利润，然后产生子公司经营活动的现金流量净额，这是第二条线。因此，我们将之视为经营风险，即母公司以及子公司的经营风险。鉴于此，经营风险可概括为与企业未来经营活动的盈利能力的不确定性有关的各种因素。当然，风险并不一定是危险，风险未必一定发生，只是有可能发生。

需要强调的是，通过财务报表看企业的经营风险，我们应该看这样几个最基本的比率关系：首先是流动资产和流动负债的关系，更多地强调短期经营和周转的关系，虽然我们不能用一个特定的比率来说明多大的规模合适，但应该知道流动资产和流动负债背后体现的核心问题是上下游产业关系管理；其次是我们耳熟能详的毛利率、存货周转率、核心利润率；最后是经营活动的现金流量净额与核心利润比率。

二、财务风险

财务风险实际上是与企业贷款的借入与偿还的不确定性有关的因素。也就是说，考察一家企业的财务风险，一般会关注企业债务融资（尤其是贷款融资）能力以及偿还本金、利息能力方面的不确定性问题。从报表上看财务风险，可以通过考察企业的资产负债率、债务结构中贷款与商业负债的结构以及企业的综合盈利能力等因素来分析判断。

第一，资产负债率。资产负债率就是企业一定时期会计期末（如 12 月 31 日、1 月 31 日等）的负债总额除以资产总额。一般来说，如果资产负债率超过 70%，企业的财务风险就比较大了。为什么会是 70%？这不是严格意义上的理论关系，而是来源于实践中的一些经验。例如，董事会在开会时经常审核一些为子公司贷款的担保议案。当时按照规定，如果被担保企业资产负债率超过 70%，董事会的决议就不是最终决定。在董事会开完会以后资产负债率超过 70% 的企业的被担保议案必须提交临时股东大会，通过投票做最后决定。

第二，金融负债率。金融负债率是指企业的金融性负债与资产总计的比率。金融性负债，主要体现在短期借款、交易性金融负债、一年以内到期的非流动负债、长期借款和应付债券这几个项目里。有时企业发行不超过一年的债券到资本市场上融资，我们看报表的时候会发现，此类负债被归入"其他流动负债"里。由于企业金融性负债需要偿还本金和利息，因此，企业真正的财务风险主要体现在金融负债率上。

企业的负债率并不可怕，这是因为在企业的负债中，如果商业性负债尤其是预收款项规模较大，由于此款项里包含了毛利，因此企业的实际负债被夸大了。预收款项越多、毛利率越高的企业，由此引起的高负债率越不可怕。可怕的是金融负债率。金融负债率越高，企业的财务风险就越大。

第三，利息保障倍数。许多教材里都提到利息保障倍数，认为这是衡量企业融资能力或者偿债能力的一个比率。其实利息保障倍数是衡量企业贷款融资效用的一个比率，也就是说，这个比率越高，表明企业债务融资的效用越好——这个比率越高，留给股东的利润就越多。实际上，它与偿债能力无关，因为偿债能力与现金流量或者企业的现金能力有关，与利息保障倍数无关。

第四，核心利润率。在此要特别强调核心利润率与企业融资之间的关系：经营风险与财务风险不是完全割裂的，而是密切相关的，经营风险低的企业，财务风险不可能很高。如果企业没有产品经营的能力，其融资风险绝对很高。所以我们一定要把企业的利润情况与贷款的能力联系在一起考察。

第二节　风险分析

一、利润结构与企业风险

当把核心利润的概念建立起来后，按照现行的利润表结构，企业的净利润就会由三个支柱构成：核心利润、投资收益和营业外收入。众所周知，企业的资产结构不同，其利润结构就会不同：对于经营主导型企业来说，由于资产基本上是经营资产，利润表里的核心利润应该构成净利润的支柱；对于控制性投资主导型企业来说，由于对外进行控制性投资的企业很少进行经营活动，其利润表的投资收益（取决于子公司的分红状况）就会成为净利润的支柱；对于有政府补贴（一般计入营业外收入）的企业而言，营业外收入就可能成为企业净利润的支柱。

在实践中，一些上市公司的财务报表中，往往会存在净利润的结构与资产结构不太匹配的情况。例如，靠与合并资产负债表的投资资产规模并不匹配的投资收益以及营业外收入去支撑净利润的模式，并不能持续太长时间。为此，在财务报告分析中，我们应该重点关注企业的主打资产——经营资产所产生的核心利润。简言之，利润结构与资产结构出现严重反差的企业，其经营资产的盈利能力可能存在极大的不确定性或者困难，应对其保持高度警惕。

二、过度融资、过度投资与企业风险

　　过度融资是指企业融资规模超过了正常的经营与投资需求的情形。例如，在资产负债表中，货币资金项目的项目金额较大，甚至高于非流动资产或借款与应付债券的金额。在此背景下，财务报告分析主体可能会认为钱多了是好事，说明企业财务风险较低。但钱多真的没有风险吗？千万别忘了：企业是以盈利为目的的经济组织。企业盈利的过程，就是其经营资产不断转化形态并实现增值的过程。过多的资金放在企业那里，一般会形成相应的资金闲置而不会参与经营周转，从而导致整个企业的资产报酬率下降。过度融资的另一个风险是导致企业资产结构的失衡。很多企业的管理者在看到账上有很多资金尤其是筹资获得的（不是自己卖东西辛辛苦苦赚来的）资金时，总有一种要把它花出去的冲动。在现实的企业管理中，企业管理层可以通过很多方式把资金（即使有一定的筹资约束或者限制）花出去，用在企业根本不需要的方面（如加大固定资产投入，对外投资缺乏慎重选择）。结果可想而知：这样花钱的结果一定是企业资产失衡，很难促进企业整体效益提高。过度投资是指企业的固定资产在建工程、无形资产建设规模以及对外控制性投资的规模过大，没有相应的市场容量进行消化吸收的情形。

　　过度融资实际上是过度投资的推手。对于融资能力相对较强的企业来说，特别容易出现自身产能利用率不高、产能过剩的情况。总结一下过度融资与过度投资的财务表现：第一，在资产负债表的右方（负债与股东权益方），企业的金融性负债长期居高不下，股东入资频繁；第二，在资产负债表的左方（资产方），企业的货币资金（融资后闲置导致）、在建工程、固定资产和无形资产等增长过快，固定资产原值的增长显著快于营业收入的增长；第三，在企业通过融资并购进行扩张的条件下，不惜代价的并购将导致合并资产中出现较高商誉；第四，在利润表上，企业的财务费用长期居高不下；第五，在现金流量表上，企业投资活动的现金流出量较为活跃，筹资活动的现金流入量在逻辑关系上支持了投资活动的现金流出量。

　　例如，当企业货币资金与固定资产（或在建工程）较多时，我们就会发现，该企业有某种过度融资与过度投资的味道。第一，企业的资产总规模在不断增长。从资产负债表右边的结构来看，导致企业资产增长的主要动力来自融资（贷款、发行债券与吸收股东入资）。考虑到企业的利润带来现金流量的能力并不突出，企业扩张所需要的现金或者通过消耗已有的现金存量来解决或者通过增量融资来解决。显然，企业主要是通过融资来解决的。

第二，企业的资产结构中，货币资金、固定资产和在建工程以及无形资产比较活跃或持续增长，货币资金、固定资产和在建工程以及无形资产总规模在快速增长。显然，上述诸项目总规模的增长，主要是融资驱动的。

第三，企业的总资产周转率随着资产的快速增长而有所下降，固定资产周转率不高。

第四，企业的合并利润表中的财务费用，在企业已经将部分利息支出计入固定资产的建造成本的条件下，各年均保持了一定的规模。最后，在现金流量表上，企业的经营活动现金流量净额不能对企业活跃的、大规模的投资活动现金流出量形成战略支撑。支撑企业投资活动现金流出量的是企业投资活动现金流入量。

上述筹资、投资的繁荣景象，在财务上除了带来营业收入的逐年增长外，并没有带来企业效益的持续增长，也没有带来企业经营活动现金净流量的持续增长。在融资增加的资产不能持续带来企业效益的条件下，物理上的优质资产也是财务上的不良资产。

第五，在公司股权结构变化、治理环境变化以及核心管理人员变更与企业风险在企业已有的资产结构、业务结构和行业内竞争地位均没有显著变化的情况下，如果企业的股权结构变化（如大股东或者实际控制人变更），公司的治理环境和核心管理人员就可能随之发生变化，即使股权结构没有变化，基本的治理环境没有变化，但核心管理人员发生人事更迭也可能导致企业的发展出现较大变故。这种风险是难以用财务比率来计算的。

三、惯性依赖的风险

（一）上下游产业关系未来发展惯性的依赖

在处于供应链关系的企业联盟中，成员企业之间的关系往往受经营环境的影响很大。企业要保持竞争力，除了自身有一定的综合竞争优势以外，还依赖于一个重要的假设，就是上下游企业会按照现在的惯性往前发展或上下游企业的经营环境出现较大变化，原有的惯性将不复存在。此时，企业会面临较大的经营风险。

（二）组织文化惯性的依赖

在一些发展较好的企业里，大都有"企业皇帝"。他们的特点是：第一，永远正确；第二，一个人说了算。因此，在"企业皇帝"威望极大、权威很难受到挑战的情况下，企业的安危就在相当大的程度上维系在"企业皇帝"一个人或者极少数人身上。在这样的组织里，"企业皇帝"以下的人往往是不愿意担当的。这种组织文化的惯性会导致企业在"企业皇帝"出现各种问题的情况下迷失方向。

（三）竞争环境惯性的依赖

这里所指的竞争环境，一是指企业在业内的竞争地位；二是指企业所在行业的发展前景。企业的决策，尤其是重大投资决策，一般是基于对竞争环境的惯性判断来进行的，比如在决定固定资产投资、企业的地区布局、产能的结构安排等时就是如此。但是，企业竞争是动态的，很多产能的形成是需要时间的。企业的竞争能力不仅取决于自己的努力，更取决于竞争对手的行动。

如果由于企业自身竞争地位出现变化，或者由于行业发展出现变化等而使得判断出现偏差，则现在的投资与布局极有可能在未来形成产能之时就是亏损之时。中国在过去的发展过程中经常出现全行业产能过剩的情况，应该吸取这方面的教训。

（四）核心业务发展惯性的依赖

核心业务既是支撑企业业绩的根本力量，也是符合企业发展战略、体现企业核心竞争力的业务。一般来说，企业会依赖这样的业务打天下。但是，如果市场竞争优势不明显、市场容量较低或者核心业务的抗变能力太差，企业的发展将会遭遇很大的威胁。

本章小结

本章主要阐述在财务报告分析中的风险分析。本章首先介绍企业面临的主要风险，具体包括经营风险与财务风险，总结了两类风险的定义与概括了两类风险的类型。其次，本章主要进行风险分析，主要介绍了利润结构与企业风险、过度融资和过度投资与企业风险，以及惯性依赖的风险。其中，本章介绍惯性依赖的风险主要从上下游产业关系未来发展惯性的依赖、组织文化惯性的依赖、竞争环境惯性的依赖以及核心业务发展惯性的依赖四个方面。

思考题

1. 什么是企业经营风险？
2. 什么是企业财务风险？
3. 借助财务报告分析，分析企业风险包括哪些内容？
4. 惯性依赖的风险主要包括哪些内容？

参考文献

［1］曹晓丽．财务分析方法与财务分析中存在的问题［J］．财经问题研究，2014（S2）：73 -75.

［2］陈微．财务报表一看就懂（实战加强版）［M］．北京：人民邮电出版社，2014.

［3］陆正飞．CEO 财务报告与分析［M］．北京：北京大学出版社，2014.

［4］叶金福．从报表看舞弊：财务报表分析与风险识别［M］．北京：机械工业出版社，2018.

［5］王清刚，董驰浩．基于哈佛财务分析框架的绩效考评优化研究：以湖北电力公司为例［J］．中国软科学，2018（8）：175 -183.

［6］温青山，何涛，姚淑瑜，陈姗姗．基于财务分析视角的改进财务报表列报效果研究：来自中石油和中石化的实例检验［J］．会计研究，2009（10）：10 -17.

［7］徐芳奕．从非财务信息分析看财务分析体系的完善［J］．税务与经济，2012（2）：66 -68.

［8］张广辉．如何用六状态分析和战略分析组合方法开展财务分析［J］．财务与会计，2012（12）：62 -63.

［9］张新民．企业财务报表分析［M］．北京：北京大学出版社，2008.

［10］张新民．从报表看企业：数字背后的秘密［M］．北京：中国人民大学出版社，2017.